子どもにやさしい学童保育

学童保育の施設を考える

糸山智栄
岡山県学童保育連絡協議会会長
鈴木愛子
日本弁護士連合会貧困問題対策本部
女性と子どもの貧困部会委員弁護士
［編著］

そこが知りたい学童保育ブックレットシリーズ

一度建てられれば20年は使用される学童保育施設。
それは「未来の子どもも育つ、放課後のおうち」です。
子どもにやさしい学童保育を、未来の子どもたちに

高文研

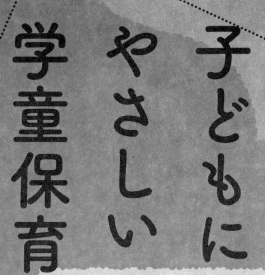

はじめに

ああ、ここに預けて働くのか。

長男の入学に合わせて引っ越した先の学童保育の建物はプレハブでした。

今から二〇年ほど前の一九九六年に長男は小学校に入学しました。その頃も学童保育への入所希望者は増加の一途。受け入れできるように、建物の増築を要望して、希望者の受け入れを模索している時代でした。住んでいた小学校区は、マンモス校でクラブも人気、すでに利用者一〇〇人超えで入れるかどうかわからないとの噂が飛び交っていました。そこで、入学の機会に、クラブ人数の少ない学区に引っ越しました。

入所許可がもらえてほっとしつつ、ここに毎日通わせて私は働くのかと、長男が不憫でたまりませんでした。小さなプレハブにたくさんの子ども、室内の壁は塗料がはげています。トイレもありません。体育館のトイレを使うようになっていたのです。エアコンもなかったのかな、記憶が定かではありません。

私自身は、両親共働き、さらには祖父母も仕事をしており、妹を入れて六人家族。大人は全員フルタイムで働いている状況でしたので、仕事をしながらの子育ては、当然のことだと思っていました。なんの迷いもなく、保育園にお世話になりながら、仕事と子育てを両立してきました。人生に一度きりの子どもを預けて働くことの悲しさ、切なさを感じた瞬間でした。

一九九七年、児童福祉法の改正により、学童保育が法制化されました。とは言え、劇的に改善されるものではなく、地道な取り組みがスタートしました。ぼろぼろの内壁は、塗装業の保護者の指導により、保護者会のメンバーで塗りなおし、見違えるようにきれいになりました。指導員さんも子どもたちもとても喜びました。エアコンは、保護者会の積み立てで設置しました。信じられないかもしれませんが、当時のクラブはトイレのないプレハブでした。何十メートルか離れた体育館のトイレを使っていました。時間外や休日は鍵がかかっていたような記憶もあります。入学したての一年生の子どもたちには非常に酷な話でした。幸いにも我が小学校の体育館は二階にあり、下を通っていくので雨の日に濡れはしませんでしたが、そうでないクラブは傘をさして、トイレに行っていたのでしょうか。要望活動を続け、外に据え置きのトイレの設置が実現しました。市役所の方がいらして、体育館のトイレからの距離を巻き尺で測定する姿が、印象深く残っています。何メートル以上離れていたらトイレ設置可能というルールができたからだったと思います。市役所の職員さんも、働く父母。辛い仕事だったでしょう。希望者数の増加により、プレハブが拡張され、大きなプレハブとなりました。さらに入所希望者が増加し、施設候補を学区内に探し、民家を借りて、保育をしたこともありました。右往左往しながら、一〇年ほどの現役保護者を卒業し、若い保護者へと引き継いでいくこととなりました。

二〇〇八年、フィンランドの学童保育の視察に行きました。広々とした施設、本物の家具、本物の道具。カルチャーショックでした。日本の子どもや子育てについての感覚とは根本的に違いました。あたりまえのように本物志向です。子どもたちがゆったりと自由に座れるようにソファが置いてありました。ちょっと暗くて、気持ちを落ち着かせたり、お昼寝もできたりしそうな部屋がありました。立派なキッチン、おやつが自由に受け取れるカウンターもありました。日本ならば、もらいものの家具、よくても格安家具といったところが、しっかりした本物の家具なのです。施設そのものも木造で、用途に合わせた部屋があり、空間がある。まさに、「放課後のおうち」でした。詳しくは私の本、『しあわせな放課後の時間　デンマークとフィンランドの学童保育に学ぶ』(高文研)をご覧ください。

二〇一五年、「放課後児童クラブ運営指針」が策定され、子ども・子育て支援新制度が本格施行されました。学童保育が児童福祉法に位置付けられてから、一八年。子ども一人当たりの面積基準も明示されました。着実に前進しています。しかし、指導員の資格制度や処遇改善、保育条件の整備に比べ、施設の課題には、手がつけられていないのを強く感じます。必要な費用が莫大なこと、時間がかかること、施設確保に地域住民が絡むこと、期間限定の保護者活動には限界があります。しかし、施設はいったん建ててしまうと二〇年、三〇年使います。地元のあの思い出のプレハブも二〇年たった今も現役施設として活躍中です。「『仮設』のプレハブなのにね〜」と言ったら、ブラックジョークでしょうか。

時は流れて、たまたま出会った名古屋の保護者の鈴木愛子さん。二〇年の時を経ても、同じように学童保育の施設に悩み、大きなアクションを起こしている保護者がいました。専門家と力を合わせて、保護者の皆さんが素敵な施設を作られました。他にも全国にさまざまなおもしろい取り組みがあることがわかりました。

いま、学童保育に通う子どもは一一四万人以上、そして小学校低学年では、学校で過ごす時間（約一二二〇時間）よりずっと長い時間（約一六三〇時間）を学童保育で過ごしているのです（『学童保育情報二〇一七―二〇一八』全国学童保育連絡協議会発行より）。

鈴木さんのクラブの取り組みを中心に、全国のいくつかの事例を紹介します。運営者の違いやさまざまな条件の違いはありますが、なにかのきっかけやヒントになればと思います。子ども時代の大半を過ごす放課後の居場所が、子どもの成長にとって、ごく当たり前の環境になることを願います。そのための一歩を、気づいた人から、動ける人から、一瞬でも早く踏み出しましょう。この本が、その一助になればこれ以上の喜びはありません。

岡山県学童保育連絡協議会会長　糸山智栄

目次

はじめに　2

第1章　庄内学童保育クラブ（名古屋市）「移転分割物語」　9

プロローグ　10
1　学童保育との出会い——プレハブなんて、可哀想……　16
2　学童保育に入所して——経営者は「保護者」だった！　19
3　タニダケンとの出会い　27
4　作ろう、子どもに優しい学童保育施設　39

第2章　新制度と学童保育の待機児童問題　47

1　新制度と待機児童問題の概要　48
2　学童保育施設の地域格差　50
3　待機児童数は把握できるか？　52
コラム　たかみがくどうレポート　55
1　子どもたちの放課後の居場所を地域で育む　55

2　学童保育の育て方　66

第3章　前例を作り、仕組みを作る　71

1　プレハブから、木造化をめざして　倉敷市の場合　72
2　発想転換のきっかけは、私の企業仲間から
岡山県学童保育連絡協議会の取り組み　83

第4章　発想を転換して、動けば変わる。動いて変える。　105

1　建てて、賃貸!?　大家さん、現る！
さいたま市における学童施設の現状　106
2　自治体と連携した「放課後児童クラブ専用施設」設置の取り組み
沖縄の学童保育　113

おわりに　120

イラスト・装丁　妹尾浩也（iwor）

【「障害」「指導員」「支援員」の表記について】

＊「障害」の表記については、悩ましいところではありますが、本書では、法律上使われている「障害」を使用します。

＊「子ども・子育て支援新制度」の実施により、「放課後児童支援員」（「支援員」）の配置が義務づけられ、私たちの長年の願いであった指導員の資格制度が誕生しました。保育士などを含む九項目の要件のうちのいずれかを備えている者が、二〇一五年四月から五年の間に都道府県が実施する「放課後児童支援員都道府県認定資格研修」を修了すると得られる資格です。「放課後児童支援員」を補助する者を「補助員」とし、これらを総称して「放課後児童支援員等」と表現されるようになりました。

本書では、「保育に関わる人」を指す場合は「指導員」と表記します。認定資格研修の受講の有無、正職員、パート、アルバイト等の働き方に関わらず、放課後の子どもたちの生活と成長に関わるすべての人を総称として「指導員」と表記し、プロとして、子どもや保護者に関わっていただくことを願っています。制度上の資格や、主任支援員などの役職を限定する場合には、「支援員」と表記します。

（編著者）

第1章

庄内学童保育クラブ（名古屋市）「移転分割物語」

〈プロローグ〉

二〇一六年四月二日
——新・庄内学童保育クラブ内覧会

鈴木愛子（日本弁護士連合会貧困問題対策本部　女性と子どもの貧困部会委員弁護士）

「鈴木さん、おめでとうございます！　すごく素敵な学童ですね。広くて木の温もりもあって、羨ましいです。本当にお疲れ様でした！」

「ありがとうございます。移転期限のぎりぎりでヒヤヒヤでしたけれど、なんとか間に合って、子どもたちにとって良い環境を守れて、本当に良かったです。皆さんのおかげです。庄内学童の移転の経緯は、こちらのペーパーにまとめてあります。是非お受け取りください」

二〇一六年四月二日

この日は二〇一六年三月二二日に新しい場所に移転した、庄内学童保育クラブの内覧会でした。

二〇一六年三月一九日まで、子どもたちの遊びと生活の場だった建物（庄内学童保育クラブが賃借していた民間のビル）は、一九六九年築の、建築基準法上の耐震基準が現行の内容になる以前に建築されたものでした。二〇一三年度に、名古屋市は、学童保育が入居する建物が現行の耐震基準を満たさない場合には、（従来は受けられていた）助成金の対象から外す旨の方針変更を行いました。名古屋市から提示された移転の期限（二〇一六年三月三一日）を直前に控えた三連休（同月一九～二一日）に、保護者総出での引越作業を終えたばかりの真新しい学童保育クラブに、次々と訪れるお客様。

庄内学童保育クラブの保護者ＯＢ、庄内学童保育クラブの兄弟学童「いのう学童保育クラブ」（二〇一四年一一月に庄内学童保育クラブから分割）の保護者や子どもたち、学童保育の移転にご協力くださった地元議員の方々、新しい学童保育の設計・監理にご協力頂いた名城大学准教授の谷田真先生……。

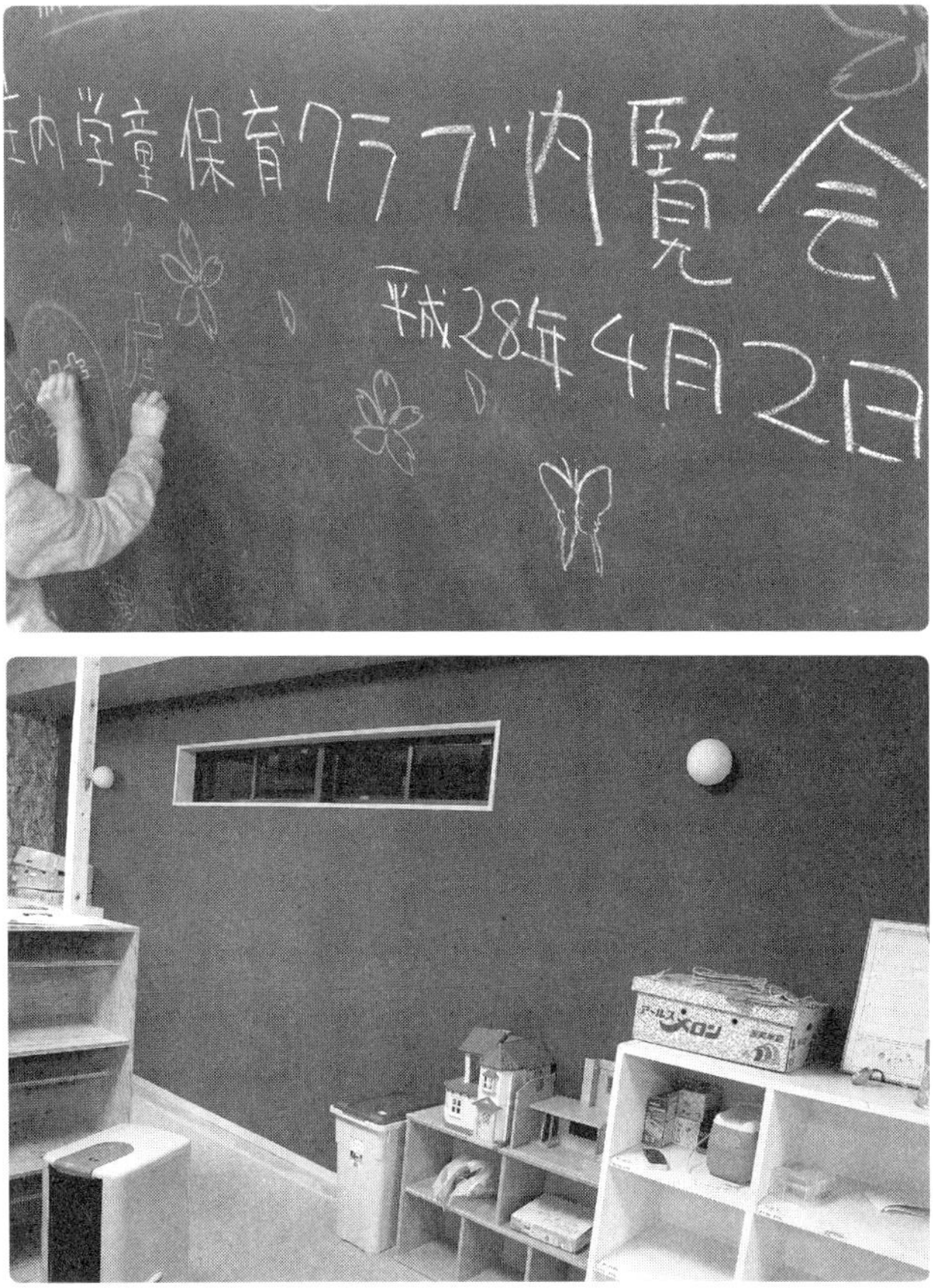

庄内学童クラブの顔・黒板塗装の壁

来客の方々にご挨拶をしながら、私は、学童保育との出会いと、弁護士業の傍ら、庄内学童保育クラブの「分割と移転」に駆けずり回った二年半を振り返っていました。

（内覧会で実際に配布したペーパーの内容です）

～庄内学童保育クラブ・移転の経緯～

1　移転の経緯

平成二八年三月一八日まで、庄内学童保育クラブが放課後児童健全育成事業を実施していた旧庄内学童保育クラブは、昭和四四年築の建物であり、現行の耐震基準を満たしておりませんでした。また、旧庄内学童保育クラブは鉄筋コンクリート造りの三階建てのビルであって耐震化に多額の費用がかかること等から、耐震基準を満たした建物への移転をする方針を、平成二六年二月頃に決定しました。

2　いのう学童保育クラブの新設

庄内学童保育クラブの移転をするにあたり、平成二六年八月の時点で①六〇名の児童が在籍していた実情があり、当時の名古屋市の育成会登録要件で望ましいとされる児童数四〇人から大きく逸脱していたこと、②学区内に学童保育所が存在しない稲生学区にも育成会を結成してもらいたいといった要望もあり、庄内学童保育クラブに通所していた児童のうち、まず稲生学区から通う児童については、稲生学区に新たに育成会を結成し、平成二六年一一月一日、庄内学童保育クラブから分割して、いのう学童保育クラブが開所されました。

3　移転先の決定と近隣説明会の実施

その後も、庄内学童保育クラブの移転先を父母が中心となって探していたところ、現在庄内学童保育クラブが入居中の物件（以下「本件移転先」といいます。）について、所有者から、庄内学童保育クラブが放課後児童健全育成事業の事業所として賃貸借することについて内諾を得ました。

平成二七年一一月二三日には、庄内コミュニティーセンターにおいて、庄内学童保育クラブが本件移転先において放課後児童健全育成事業を実施することについて、近隣住民の方々にご説明させていただき、近隣住民の方々のご理解を得ることができました。

4　支援の単位複数設置を行なった理由

本件移転先への移転に当たっては、留守家庭児童育成会の支援の単位複数設置を行った上での移転を行うこととなりました。

支援の単位複数設置を行った理由は以下の三点です。

① 放課後児童健全育成事業の設備及び運営に関する基準（平成二六年厚生労働省令第六三号／以下「本基準」といいます。）第一〇条によれば、支援の単位ごとの児童数は概ね四〇人以下とされているところ、平成二六年一一月のいのう学童の開所後も庄内学童保育クラブの登録児童

数が常時四〇人を上回っていたこと

② 平成二八年三月中に、平成二八年度からの入所申し込みがあった児童が十数名あり、庄内学童保育クラブ全体では概ね四〇人を大きく上回る児童数となることが確実であったこと

③ 本件移転先は、延べ床面積が約二〇〇平米あり、トイレ、厨房施設等の専用区画に含まれない設備を除いても、支援の単位ごとに、各支援の単位につき、本基準第九条で定める児童一人当たり一・六五平米以上の面積基準を上回る専用区画を確保することが可能であったこと

庄内学区、児玉学区における放課後児童健全育成事業にかかる保護者の切実なニーズにより応えることを可能にするためにも、庄内学童保育クラブは、支援の単位を複数設置しての移転をすべきであると思慮するに至り、今回、留守家庭児童育成会の支援の単位複数設置を伴う移転を行うこととなりました。

5 庄内学童保育クラブをよろしくお願い申し上げます

庄内学童保育クラブは、平成二七年四月の子ども子育て支援新制度の施行後、名古屋市ではじめての支援の単位を複数設置しての学童保育クラブとなります。

そして、新しい庄内学童保育クラブは、名城大学谷田研究室のプロジェクト（「学童保育の育て方」～名古屋市内の三件の施設移転プロジェクトを通して～）とのコラボレーションのもと、保護

者たちが子どもたちのより良い放課後の環境を考えて作り上げた学童保育クラブでもあります。

新しい庄内学童保育クラブを、地域の皆様にも愛され、長年にわたって子どもたちと親たちの居場所となる…そんな学童保育クラブに育てていきたいと思っております。

今後とも、庄内学童保育クラブをよろしくお願い申し上げます。

平成二八年四月二日

庄内学童保育クラブ父母・指導員一同

1 学童保育との出会い
――プレハブなんて、可哀想……

私は今でこそ、日本弁護士連合会貧困問題対策本部女性と子どもの貧困部会委員として、弁護士の立場でも学童保育に関する調査研究を行っていますが、ほんの一〇年前には、学童保育のことは全く、何も知りませんでした。

はじめて学童保育のことを調べてみたのは、二〇〇八年。長男が二歳、次男が〇歳の頃のことでした。

この話をすると、そんなに早く学童保育について調べ始めたの、と良く聞かれます。当時はまだ賃貸物件に住んでおり「そろそろ家を買うことも考えたい、そのためにはまず学区を絞らなきゃ。保育園を卒園した後って、放課後は学童保育に通うのよね。それも調べてみないと」そんな気持ちで「名古屋市　学童保育」と検索したのです。それが、私が学童保育の情報にはじめて接した瞬間でした。

ですが、検索して調べてみても、当時は「なんだかよく分からなかった」のです。「留守家庭児童育成会[※1]」という聞いたこともない言葉は出てくるし、名古屋市のサイトを見ても、保育料の額も、入所するためにはいつまでに申請をすれば良いのか、どんな書類が必要なのかも分かりません。そして「名古屋市学童保育連絡協議会」のサイトには、学童保育は「保護者が運営」している旨の記述もありました。

「保護者が運営って、どういう意味？　結局、どこが経営しているの？　よく分からないけど、とにかく、保育園までとは、全く制度が違うみたいね……　一度、外側からちらっとだけでも学童保育の建物だけでも見てみるかな」

そう思いたち、初めて名古屋市内のある学童保育施設を外から見てみました。

率直な第一印象は、「えっ、学童保育の施設って、プレハブなの？　しかも、狭そう」というものでした。

名古屋市の学童保育施設は、学童保育側が使用貸借や賃貸借をして用意した土地に、名古屋市が「留守家庭児童専用室」というプレハブの建物を建てる、というケースが一般的です。

当時の名古屋市の留守家庭児童専用室の標準仕様は、九・〇m×五・四m＝四八・六平米で、施設の床面積（トイレや水回りも含めての全体の面積です）は五〇平米を切っていました（二〇一五年度からは、七七・七六平米に拡充）。

私自身は、子ども時代、田舎の広々とした環境で育っていました。また、田舎の古い土地で育ったこともあり、自分の親族に「専門職として子どもを持ってからも働く女性のロールモデル」がいませんでした。そのために、子どもたちを保育園に入れることについても、身近な人から「かわいそう」と悪気なく言われることもままありました。

「プレハブって、工事中とかの仮設の建物じゃないの？　学童保育の施設は、仮設ではなく、ずっとプレハブなの？　夏休み中ずっと、プレハブで過ごすなんて「かわいそう」って言われたら反論できないよ……」そんな不安を抱いてしまったことを、今もよく覚えています。

名古屋市にはプレハブ以外の学童保育施設はないものかと調べ始めて、出会ったのが庄内学童保育クラブでした。当時の庄内学童保育クラブは、三階建ての古いビルを一棟、丸ごと借りていました。各階の床面積は約一〇〇平米。約一〇〇平米×三の広さは、当時の名古屋市の留守家庭児童専用室の標準仕様（四八・六平米）の約六倍の床面積で、名古屋市の学童保育施設としては破格の広さでした。一階では広々と卓球ができ、二階の保育室の奥には保護者のＤＩＹによるパーティションで区切られた「漫画部」という隠れ家的空間もありました。面積の広さに加え、小学校のすぐ裏手という好立地も学区選択の大きな決め手となり、二〇〇九年に、庄内学区内に家を買って引越をしたのです（長男が三歳、次男が一歳の時のことでした）。

※1　学童保育の運営主体の一種に、「地域運営委員会」という団体があります。これは、地域の役職者（自治体により構成や要求される人数は変わりますが、自治会長、民生委員等）と学童保育の代表者などで構成されている学童保育の運営のための組織です。名古屋市の留守家庭児童育成会も、この地域運営委員会の一つです。

2 学童保育に入所して——経営者は「保護者」だった！

① やむを得ず……一年目から「会計」に

学童保育に入所する新一年生の多くは、小学校の入学式を待たずして、保育園の卒園式後の三月終わりから、学童保育に通い始めます。

長男も二〇一二年三月末頃から、庄内学童保育クラブに通い始めました。

そして、私はといえば、学童保育一年目から三人体制の会計の一人を引き受けることになりました。学童保育に入った頃の私は、正直に言って、学童保育の役員を積極的にしたい、とは全く！　思っていませんでした。一年目はまだ引き受けなくてもいいだろう、ずっと役員をしないでは済まないだろうけど、どこでどの役員をやるのが比較的楽だろうか、とも考えていました。

それが、保育園時代からとてもお世話になっていたママ友でもある役員から、「今年はほかになり手がいない、私もサポートするから、大丈夫！」との明るくも強いご依頼に、やむを得ず引き受けたのが実情です。

会計の一人になったことで、（名古屋市の）学童保育は地域の役職者の方々（区政協力委員、児童委員、PTA役員など）と学童保育の代表者により構成される「留守家庭児童育成会」を通じて助成金を受け取っていること、学童保育の代表者が「留守家庭児童育成会」の運営委員長であること、助成金や保護者の支払う保育料は、「学童保育クラブ代表者の肩書き付きの個人名義の口座」に振り込まれること……そして「学童保育クラブの代表者」は、「働くために学童保育に子どもを預けている」普通の保護者であること。これらのことの意味を、学童一年目から身をもって知ることになりました。

児童の入所や退所の管理。児童数や障害児の受入の有無等によって額が変わる助成金の申請。保護者から振り込まれる保育料の管理。指導員の求人、雇用、給与計算や社会保険の処理。予算の作成と決算。そのような「ガチの経営」を、本業の仕事も育児もあり、年ごとに人も入れ代わる保護者集団が分担して行っていること。しかも、法人化もされていない、任意団体が行っている……。

「保護者が運営している、というのは、本当に文字通り、「経営者は保護者」、って意味だったのね。利用者が同時に経営者でもあるのか……こんな権利能力なき社団[※2]の具体例があったのね」

そんなカルチャーショックの連続でした。

保育園とはなにもかも違う学童保育の環境に、最初は親も子も戸惑いの連続でした。最初は、長男から「学童に行きたくない」と言われたこともありました。

けれど、指導員や親たちが子どもたちと本気で関わって準備する夏休みの学童キャンプ、高学年の子たちが中心になって、子どもたちだけで行き先を計画するフリーツアー、大人とは別会計で子どもたちがゲームの模擬店を準備する秋の学童バザーなどの学童行事に参加することで、戸惑いばかりではなくなっていきました。子どもたち一人一人が異年齢の子ども集団の中で兄弟のように関わり合い、遊びの中で自主性、創造性、協調性、生活力を自然に育んでいく。そんな学童保育を私自身も居場所に感じるようになっていきました。長男も、学童保育での親しい友だちもでき、段々と学童保育になじんでいってくれました。

※2　権利能力なき社団：「団体としての組織をそなえ」「多数決の原則が行われ、構成員の変動にもかかわらず団体そのものが存続し」「代表の方法、総会の運営、財産の管理その他団体としての主要な点が確定している」団体であって、法人格を有しないものをいいます。NPO法人化していない保護者会運営の学童保育や、地域運営委員会方式による学童保育は権利能力なき社団の具体例であるといえます。このような権利能力なき社団が、三十年、四十年と存続し、不動産の賃貸借や職員の雇用を「任意団体として」行っていることを知ったのは、弁護士としてもカルチャーショックでした。

②　青天の霹靂　耐震基準を満たさなければ……

二〇一二年度は「学童保育の役員は想像以上に大変だったけど、子どもには良い環境だし、長男もなじんでくれたし、小一の壁はなんとか乗り越えたかな」と思ううちに、過ぎていきました。ところが。

二〇一三年度に入ってからの役員会で、衝撃の事実を聞かされます。

「名古屋市の学童保育に関する助成の要綱が変わり、学童保育に使用する建物が現行の建築基準法の耐震基準（一九八一年六月一日導入）を満たさない場合は、助成の対象にならないことになりました。経過措置は、二〇一五年度まで。現在、庄内学童保育クラブが借りている建物は一九六九年築なので、二〇一六年三月末日までに耐震基準を満たす建物に移転できなければ、助成を受けることができなくなります」

移転……？　新しい場所を見つけて引っ越さないと、助成を受けられない……？

既にお話ししたとおり、私は、庄内学童保育クラブの広さと立地が気に入って、庄内学区内に家を買い、引越までしていたのです。

それなのに、長男が学童保育に入所してまだ二年目に入ったばかりなのに、「新しい場所を見つけて出て行かなければ、助成が受けられない」と聞かされたのです。これは、衝撃の宣告でした。会計の一人をしていましたので、助成が受けられなければ、到底、指導員の人件費等の学童保育の経費をまかなうことはできず、学童保育を閉所するしかないことはすぐに飲み込めました。子どもたちが高学年ならまだしも、長男は二年生、次男は保育園年中。経過措置が終わる二〇一五年度でも、長男が四年生、次男はやっと一年生で、まだまだ学童保育が必要でした。

放課後には手作りおやつ、夏休みはおやつのほかに昼食も提供してくれて[※3]、宿題もすませてきてくれる。指導員が見守る中、めいっぱい外遊びをして、エネルギーを発散してくれる。雨の日でも、広い建物の中で卓球をしたり、沢山のマンガを読んだり……そんな学童保育はあって当たり前の生活に必須のインフラになっていました。

その必須のインフラを失いたくなければ、三年未満の期間内に、自分たちでプレハブを建ててもらうための土地なり、耐震基準を満たした建物を見つけ、オーナーと交渉・契約する。施設の改装のための予算を組んで父母会の承認を取る、ロッカーなどの学童保育に必要な設備を用意する、現在入居中の、様々な物にあふれた学童保育を明け渡す。施設の移転に伴う各種の申請書類を作る……。もちろん、その間にも絶え間なくある本業の仕事、学童保育が開いていない時間の育児、家事とも同時進行……。

少し考えただけで、あまりの課題の多さに、目眩がしそうでした。

そして、その目眩がしそうな学童保育の移転プロジェクトのチームリーダーを頼まれてしまったのです。

まだ学童保育は二年目で、ベテランの先輩役員の皆さんに頼ってばかりなのに、とは思いましたが、夫が経営者弁護士の法律事務所という時間の融通がきく環境で働いていて、学童保育の会計も経験した弁護士の私が頼まれるのは無理もない状況でした。候補物件の登記の確認、賃貸借契約書の作成、平日に動けないと難しい区役所への相談などを考えると「……私より○○さんの方が」と言える方もなく、やむなく、移転チームのリーダーを引き受けることになりました。

※3　学童保育では、おやつの提供があることが多いですが、その内容（市販品か手作りがメインか）は様々です。また、土曜日や長期休みの昼食については、お弁当の持参が必要な学童保育も多いです。

③ 耐震化はやはり無理……庄内学童保育クラブの分割へ

耐震基準を満たせなければ助成の対象から外れる、と言われても、庄内小学校のすぐ裏手で、かつ学童保育施設としては破格の広さだった「奇跡的な好物件」を移転チームもすぐには諦めきれませんでした。

しかし、木造家屋ならともかく、一九六九年築の鉄筋コンクリート造りの三階建てのビルを大家さんの負担で耐震化してもらうとすれば、多額の費用が発生します。「古い代わりに安い」家賃のままの入居では、到底、大家さん負担での耐震工事はお願いできません。一方で、大家さんが耐震化に投資しても赤字にならないだけの家賃の値上げを求められても、学童保育の運営は困難です。

二〇一三年秋頃には、伝手《つて》のある建築会社に相談するなどして、大家さんの承諾を得て学童保育主体で耐震化をすることも検討しました。しかし、耐震化の実施には、コツコツと積み立てて来た移転積立金を上回る、千万円単位の費用がかかることが確実と見込まれました。また、仮に費用の問題をクリアできたとしても、「いずれ、構成員がそっくり入れ替わることが予定されている任意団体」である学童保育が、耐震化後のメンテナンスや退去の際の費用償還請求の問題に対応していけるのか、といった課題もありました。それらの問題を考えると、やはり、学童保育が主体となっての耐震工事の実施は、現実的ではありませんでした。「学童で宝くじでも買うしかないか？」そんな冗談も言いながら、断腸の思いで「建物の耐震化を諦めた」のでした。

やはり庄内学童保育クラブを移転するしかない、と移転を具体的に検討し始めると、以前の庄内学童保育クラブが学童保育として「破格の広さ」であったが故の問題に直面しました。

当時の庄内学童保育クラブは、六〇人を超える子どもたちが通う大規模学童となっていました。二〇〇七年に厚生労働省から出された「放課後児童クラブガイドライン」（以下「ガイドライン」といいます）では、「放課後児童クラブにおける集団の規模については、おおむね四〇人程度までとすることが望ましい」とされていました。ガイドラインの「おおむね四〇人」という規模に関する規定が、近いうちに、法的な基準になる可能性もありました。[※4]

名古屋市からの助成金も、児童数三六〜四五人までの規模でもっとも多くなります。六〇人以上だった当時の庄内学童保育クラブは、児童数三六〜四五人までの学童保育より二段階少ない額の助成金しか貰えない状況でした。

学童保育の「規模」についての法的な基準ができる可能性が高かったこと。現在の助成金額で「六〇人以上の子どもたちが生活できる広さで、現行の耐震基準を満たした物件」の家賃を払うことが困難なこと。

このような状況からすると、今の庄内学童保育クラブをただ移転するのではなく、学童保育を二つに分割するしかない、と決断せざるを得ませんでした。

そして、当時の庄内学童保育クラブは、庄内小学校のすぐ裏手にありましたが、庄内小学校の子どもたちだけではなく、隣接学区の稲生小学校からも多くの子どもたちが通っていました。当時の稲生学区には、学童保育が一つも、ありませんでした。

「これまで学童保育がなかった稲生学区に新しい学童保育を立ち上げ、庄内学童保育クラブは庄内学区内で移転先を見つけて、移転する」

いわば、小さな会社の新設分割と本社移転を両方行う。どう考えてもそれしか道はない、と決断した頃には、年も明け、二〇一四年になっていました。

二〇一四年二月には、学童保育に理解のある地元議員の方々もお招きして、庄内学童保育クラブで「移転分割チーム」のキックオフミーティングを行いました。

稲生学区、庄内学区のそれぞれについて「地域の方々の理解が得られる」「学童保育向けの物件」の情報提供のお願い、稲生学区での新しい学童保育の立ち上げ＝新しい留守家庭児童育成会の立ち上げに当たり、地域の役職者の方々へのお声がけのお願いなどを行いました。

そして、移転分割チームのメンバーを中心に、庄内学区・稲生学区それぞれについて、学童保育向けの物件探しがスタートしました。

※4　現在では、放課後児童健全育成事業の設備及び運営に関する基準（以下「厚労省基準」といいます）において、「一つの支援の単位を構成する児童の数は、おおむね四〇人以下とする」とされています。

3　タニダケンとの出会い

① 稲生学区に新学童を！

最初に学童保育向けの物件が見つかったのは、稲生学区でした。

稲生学区保護者の移転分割チームメンバーのつながりによる個人的な伝手から、一九八四年築の一戸建て住宅が見つかり、二〇一四年五月二五日には、移転分割チームで見に出かけました。広さや家賃、そして大家さんの学童保育に対するご理解など、とても好条件な物件でした。「分割と移転の両方を、二〇一六年三月末日までに終えなければならない」という点からも、一日も早くこの物件で現実に学童保育を始められるよう、様々な課題に急ピッチで取り組むことになりました。

稲生学区の役職者の方々への「運営委員」に就任していただくための様々な根回し、民生子ども課を訪問しての、学童保育を新設する場合の手続きの流れの確認、大家さんとの賃貸借契約の条件に関する相談、近隣説明会に関する会議（いつ、どのような形で行い、どの範囲にどのように告知するかといった点を議論しました）など、移転分割チームのメンバー中心に様々な作業を行いました。深夜までのミーティングも何度もありました。

私事ですが、このような多くの課題に同時進行で取り組んでいたピークだった二〇一四年七月三日に、入院中だった義母が亡くなったこともあり、当時はかなり心身ともに参っていました。

これだけ動いても、万一、近隣の方々から大きな反対が出たら計画は頓挫してしまうかも、という怖さもありました。

また「一つの学童保育として積み立てて来た移転積立金」をどう振り分けるか？　という頭の痛い問題もありました。稲生学区にまさにこれから作ろうとしている新しい学童保育に使うお金と、庄内学区内での庄内学童保育クラブの移転のために使うお金の振り分けです。移転積立金には、既に卒所したOBの方々が積み立てて来た部分も多くあります。稲生学童の子どもたちが増えたのは比較的最近だったこともあり、単純に「現在の児童数の比率で頭割りすればよい」とも言いにくい状況がありました。庄内学童保育クラブの移転先はまだ見つかってもおらず、移転先を学童保育に相応しい環境にするのにいくらお金がかかるのかも、全く読めません。そして何より、私自身は庄内小学校に通う子どもの母親。その状況での「稲生学区に新しく作る学童のために、いくらお金を使うのか」問題は、議論するだけでも胃が痛くなる思いでした。もともと移転積立金は「学童が分割と移転を同時進行でしなければならなくなる」ことを想定して積み立てられたものでもありません。一カ所であればともかく、二カ所分の学童について、十分な環境を整えることができる金額とは思えない額でした。

「学童保育が入居する建物が見つかった」とはいっても、物件は一戸建ての民家。多くの子どもたちの生活の場とするためには、最低限、ロッカーなどの設置は必要です。保育の場とするための改装や補強の工事も、よりよい環境を作り込もうと思えば、やりたいことはいくらでも出てきます。どのような改装をするかを検討し、稲生学区の保護者にも庄内学区の保護者にも納得してもらう……頻繁な会議や義母の死後の法要等もあり、心身ともに参っていて「そんな課題はとても解決できない」と半ば逃げ出したい気持ちになっていました。

② タニダケン現る！

そんな頃に現れた救世主が、タニダケン（名城大学建築学科　谷田真研究室）所属の庄内学童保育クラブOB、佐々木朋之さんと名城大学准教授の谷田真先生でした。

佐々木さんは「二〇一五年度中に分割・移転を完了しなければ助成金を受けられなくなる」という出身学童の危機を聞きつけて、佐々木さんの大学院修士論文での研究（学童保育における子どもの発達段階に応じた空間利用特性）を通じて、建築の視点から庄内学童保育クラブの移転分割問題に役立てないか、庄内学童保育クラブにお声がけをしてくれました。

そして偶然にも、谷田先生のお子さんが通われている高見学童保育クラブも、庄内学童保育クラブ同様、賃借中の建物が現行法の耐震基準を満たしていないことによる移転問題を抱えていました。

そのようなでき過ぎに思える程の恵まれた出会いもあり、稲生学区への新学童立ち上げ・庄内学童保育クラブの移転についても、谷田先生が取り組まれていた高見学童保育クラブの移転プロジェクトと合わせて「学童保育の育て方」と題した三学童の移転分割プロジェクトとして、タニダケンに関わっていただけることになりました。

設計についての費用がかからず、改装工事についても、学生によるＤＩＹで対応できる部分については夕ニダケンの学生さんたちに参加してもらえるという、本当に本当に、ありがたい提案でした。

このありがたい提案のおかげで「通常なら一箇所分の予算でもなんとか二箇所の学童保育について、子どもたちのために良い環境を作り込めるのでは」という希望が見えてきました。

二〇一四年八月二四日には、稲生学区に新しく立ち上げる「いのう学童保育クラブ」の近隣説明会も無事に終了。同年九月五日には、いのう学童保育クラブについて留守家庭児童育成会登録が内定と、急ピッチで進んで行きました（なお、この登録のための書類作成も、全て、普通の働く親でもある、移転分割チームのメンバーが行っています）。

いのう学童保育クラブの留守家庭児童育成会登録内定を受けて、建築を専門に学ぶ元学童っ子と、建築の専門家の現役学童保護者に関わってもらった夢のある改装プランを形にすべく、見積もりをとって業者を決定しました（このほか、指導員の振り分けやいのう学童分割後の役員体制等、議論し、決定していかなければならない実務的な課題は山積みでした）。

改装プランの作成にあたっては、子どもたちからも「今の学童保育で好きな場所は？」「どんな場所でどんな遊びをするのが好き？」といった、子どもの意見を聴くワークショップが行われました。

出来上がった改装プランには、子どもたちを見守る指導員の目線を行き届かせる工夫（キッチンからでも保育室の様子を見ることができるように、保育室とキッチンの間の壁を開口し、カウンターを作成す

小上がりの読書スペース

るなど）や、子どもの遊びの幅が広がるような空間設計（図書スペースに小上がりを作る）がありました。異年齢の子どもたちが共同生活を送る場であることを配慮した生活空間を実現する改装プランでした。

同年九月二八日の分割前の最後の学童バザーでは、いのう学童保育クラブの開所予定の告知と、庄内学童保育クラブが移転先の情報提供を呼びかけるチラシを配布するなど、地域への呼びかけも行いました。

同年一〇月六日には、改装工事がスタート。佐々木さんの他にも、タニダケンの学生さんたちが作業に協力してくださいました。

一戸建ての民家が、廃材利用とは思えないオシャレでカラフルなフローリングの保育室・畳敷きの静養室・指導員室も確保された、学童保育専用施設に変身しました。

廃材利用のフローリング

改装工事は一〇月中に無事完了。一〇月三〇日には、庄内学童保育クラブにおいて、稲生学区の子どもたちを見送る「いってらっしゃいの会」を開き、同年一一月一日から開所する「いのう学童保育クラブ」の門出を盛大にお祝い。

庄内学童保育クラブは「移転分割」の「分割」を無事に終えたのでした。

③　今度は庄内学童の移転。しかし、新制度の詳細が分からない！

いのう学童保育クラブの分割を無事終えた時点で、庄内学童保育クラブの移転先はまだ決まっていませんでした。二〇一四年一一月一日時点で、既に移転期限まで一年五ヶ月を切っており、私はかなり焦っていました。

物件が見つかった後の様々な作業のこと

も考えて、移転先を探す期限は、当初、「二〇一四年一二月末日まで」としていました。ですので、同年九月、一〇月の段階でも、庄内学童保育クラブの移転先探しは、いのう学童の立ち上げ準備と同時平行で行っていました。住宅地図をブロック分けして、各保護者に担当分けするなどして空き地や建物の情報提供を求めていました。

しかし、広さ、立地、土地の形、築年数、賃料の上限といった対象物件の条件について資料を作成して提示しても、不動産に関係する職業に就いているわけでもない働く保護者が、適切な物件の情報を得ることは、やはり、なかなかに困難でした。

保護者からの情報提供を受け、現地を調査したり、登記を確認してみたりすると、土地の形から して留守家庭児童専用室を建てるのには無理があるものであったり、築年数が古く移転先の候補にはなり得ない物件でがっかりしたり……といったこともありました。

同年一一月には、庄内学童保育クラブの移転先としてぴったりな「売り物件」を見つけ、私がこれを購入できないか、真剣に検討してみたこともありました（当時の助成金の内容では、保育料を値上げしなければ、赤字にはならない家賃も払えないこと、保育料を値上げしても児童数が確保できるかも分からない状態でした。あの物件が賃貸で払える範囲の家賃だったらいいのに、いや、賃貸で出ていても家賃は予算オーバーだろうな、と思っているうちに、その物件は売れてしまいました）。

そして、結局、庄内学童保育クラブの移転先探しの期限を、二〇一五年三月まで、延ばすことにしました。

少しでもいい条件の移転先を探せるよう、ギリギリまで粘りたい、ということのほかに、二〇一五年度から子ども子育て支援新制度がスタートするにあたり、学童保育に関する制度の仕組みや助成の内容にも、かなり変化があるのではないか、という見込みがありました。学童保育への助成金は増額傾向にありましたし、新制度への移行にあたり、これまで以上の増額があるのではないか、という期待もありました。

これまでは、従前の助成額を前提に家賃の上限を試算していましたので「年が明けて、二〇一五年になれば、二〇一五年度からの助成についての情報も入ってくるはず。それを受けて、条件を練り直し、集中して探そう」と判断したのです。新制度以降の学童保育への助成内容に関する情報をジリジリする思いで待ちながら、二〇一四年は暮れていきました。

④ 新制度スタート……「支援の単位複数設置」で移転しよう！

年が明けて二〇一五年になると、子ども・子育て支援新制度の学童保育への具体的な影響について、情報が入ってくるようになりました。

二〇一五年一月二五日には、愛知県学童保育連絡協議会主催の新制度の学習会「子ども・子育て支援新制度に備えよう！　学習会」に参加して、新制度が学童保育に与える影響について勉強してきました。

この学習会ではじめて、学童保育に関する新たな概念である「支援の単位」について情報を得ることになります。

「支援の単位」という言葉は、厚労省基準の第一〇条第二項及び同条第四項に出てきます。

第一〇条

二　放課後児童支援員の数は、支援の単位ごとに二人以上とする。ただし、その一人を除き、補助員（放課後児童支援員が行う支援について放課後児童支援員を補助する者をいう。第五項において同じ。）をもってこれに代えることができる。

四　第二項の支援の単位は、放課後児童健全育成事業における支援であって、その提供が同時に一又は複数の利用者に対して一体的に行われるものをいい、一の支援の単位を構成する児童の数は、おおむね四〇人以下とする。

この厚労省基準第一〇条第二項及び第四項の内容をかいつまんで言うと、

⑴　学童保育では、「支援の単位」ごとに二人以上の職員を配置しなければなりません。そのうち一人は必ず、「放課後児童支援員」の資格のある人であることが必要です。

⑵　学童保育の「一つの支援の単位」を構成する児童の数は、おおむね四〇人以下になるようにしなさい。

ということになります。

……それがどうしたの？　と思われるかもしれませんね。

学習会に出て初めて知ったポイントは、「一つの支援の単位」が「一つの学童保育（放課後児童健全育成事業者）」とは限らない、と言うことでした。

具体例で説明します。例えば、二〇一三年当時の庄内学童保育クラブは、庄内学区に存在する六〇人以上の児童が在籍する学童保育でした。おおむね四〇人以下の基準を明らかに超えていました。庄内学童保育クラブから二〇一四年一一月に「分割」した、いのう学童保育クラブは、稲生学区に存在する、庄内学童保育クラブとは別の放課後児童健全育成事業者です。これは、おおむね四〇人以下の基準を超えた事態に、学童保育を「分割」する方法で対応した、ということになります。

そして、新制度が施行されると、四〇人を超えた場合の方法として、上記の「分割」の他に、「支援の単位を二つに設定する」という方法もあることも分かったのです。

従来の学童保育とは別の場所に新しい学童を作らなくても（児童一人あたり一・六五平米という面積基準をクリアする必要はあるものの）一つの学童保育（単一の放課後児童健全育成事業者）が、同じ建物の中に二つの「支援の単位」と設定することでも、「おおむね四〇人以下」の基準をクリアできること。そしてなによりも重要だったのが、「助成金は、支援の単位ごとに出ること」が分かったことでした。

また、二〇一四年度から保育緊急確保事業として実施された「放課後児童クラブ開所時間延長支援事業」（事業名から事業内容を理解するのが困難として、二〇一五年度から〈放課後児童支援員等処遇改善等事業〉に事業の名称が変更されました）により、一定の要件を満たした職員の配置に必要な経費の補助として、「一支援の単位当たり」年額一五三万九千円ないし二八三万一千円の補助が出ることも分かりました（なお、記載の年額は二〇一五年度のものです）。

［基本の助成額や長期開設加算がダブルになるなら、出せる家賃を計算する前提がまるで変わってくる……！　新しい事業のお金も貰えれば……］

実は「もしも家賃がもっと出せるなら、あの物件を借りたいのに」と二〇一四年中からずっと思っていた、賃貸の空き物件が庄内学区内にありました。

その物件は、約二〇〇平米の広さで、もちろん、現行の耐震基準を満たしたワンフロアの空きテナントでした。以前はスーパーが入っていましたが、比較的長い間、空き物件になっていました。公園が近く、小学校からも比較的近く理想的な物件でしたが、家賃の相場から考えて交渉できる範囲も出せないだろう、と諦めていました。

しかし、支援の単位複数設置で全体の助成額が大幅に増えれば話は別です。

また、おおむね四〇人以下、という学童保育の規模に関する基準も「支援の単位」ごとですから、二つの支援の単位を設定した場合、一人当たりの専用区画一・六五平米以上の面積基準をクリアしていれば、八〇人までは問題なく児童の受け入れが可能となります。入所希望の児童が増えても、将来的な再分割の問題もそうそう起こることはありません。希望の物件は約二〇〇平米ですから、一・六五×八〇＝一三二で、トイレやキッチン等の専用区画以外のスペースを考えても、二つの支援の単位の設定は余裕でできそうでした。

「あそこを借りられたらいいのに……」

近くを通るたびにそう思っていた物件を借りることができるかもしれない。

そんな希望が湧いてきました。

ただ、一月の学習会の段階では、支援の単位を分ける場合の施設の区分方法については「未定」で、パーティション、アコーディオンカーテン、板壁等が考えられるのではないかと言った話はありましたが、具体的にどうすれば二つの支援の単位を設定できるのかは、まだよく分かりませんでした。

二〇一五年三月一七日には、名古屋市の新制度以降の助成要綱について情報を集めるために、運営委員長会議に私も参加。この他、私や移転分割チームのメンバーで名古屋市の民生子ども課を訪問したり、新制度に関する情報をＳＮＳで熱心に発信して下さっている他地域の学童保育関係者の方々からも情報提供を得るなどして、新制度に関する情報を集めていきました。そうして、庄内学童保育クラブの保護者にも支援の単位を二つ設置した上での移転計画を説明できるよう、情報収集をしていきました。

4　作ろう、子どもに優しい学童保育施設

①　空きテナントの空間設計

情報収集に明け暮れる内、いよいよ移転リミットの年度である、二〇一五年度に突入しました。二〇一五年度に入っても、支援の単位の複数設置を申請するための名古屋市の具体的な書式は出ていませんでした。支援の単位複数設置とした場合、二つ目の支援の単位についても、地域の方々に運営委員になっていただく必要はあるのか、会計処理はどうなるのかなど、実務的な面で不明な点は多々ありました。

ただ、様々な情報収集により、壁で区画された完全に独立した部屋にしなくても、支援の単位複数設置が認められそうであることは分かっていました。

いのう学童が分割後初めての年度でもある、二〇一五年度の庄内学童保育クラブの児童数は既に四〇人をオーバーしていました。二〇一四年度に「分割」の大変さは身にしみて感じていましたから、支援の単位複数設置での移転をすることで「新制度になっても分割の問題が生じることはまずなくなる」のは大きなメリットでした。一つの支援の単位を構成する児童の数は「おおむね四〇人以下」の基準のために、移転後の近い将来、同じ小学校に通う保護者同士の間で「〈どの子を待機児童にするのか〉を決めなければならないような事態にもしたくない」という思いも強く、ありました。

そして二〇一五年六月には、意中の建物に「支援の単位を複数設置する形で移転する方針」を固めることができました。

同年七月三日。私は名城大学の「タニダケン」を訪問して、はじめて、谷田先生に希望の物件と、「支援の単位を二つ設置する」前提での空間設計をお願いしたいことを説明しました。

同年四月一日から始まったばかりの制度で、まだ支援の単位を複数設置するための名古屋市の申請書式もなく、名古屋市では庄内学童保育クラブが初めての例になること。支援の単位複数設置を認めてもらうことが移転計画の大前提なので「二つの専用区画」があることが確実に分かるような空間設計は必要なこと。

ただ、完全に独立した部屋であることまでは必要ないため、「二つの専用区画」があることは確実に分かる範囲で、指導員の目線が行き届きやすい空間設計をしてほしいことをお伝えしました。

同年七月九日には、初めての谷田先生も交えての移転候補地の現地調査を行い「まっさらな空きテナントを保育の場とするための改装計画」を作成していただくことになりました。

同年九月一〇日には、改装プランの初案が出来上がりました。

②改装プランに、子ども、保護者、指導員の意見を反映させる

この改装プランについて、移転分割チームを中心に検討し、父母会でも説明会を行い、移転分割チームメンバー以外の保護者の意見も谷田先生にお伝えして、修正を加えていきました。庄内学童

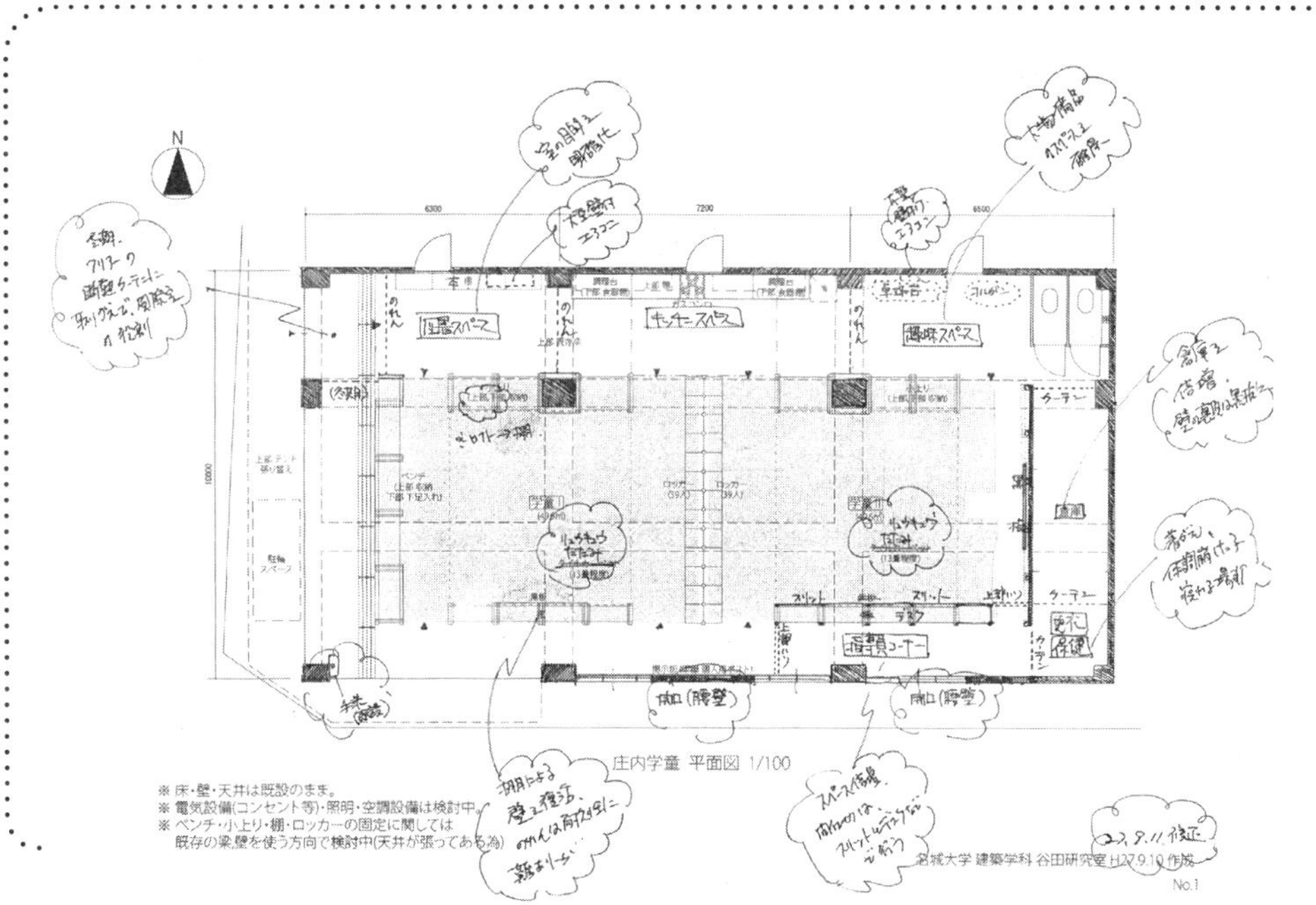

当初の改装プラン

保育クラブの改装プランは、民家のリフォームだったいのう学童とは異なり、まっさらな広いワンフロアの空きテナントの空間設計。子どもの動線はもちろん、キャンプやバザー用品の収納、庄内学童保育クラブの子どもたちに大人気の卓球、静養室兼指導員室の配置など、様々な事項について議論や谷田先生との打ち合わせを重ね、改装プランを練り上げていきました。

学童バザーやスポーツ大会等の行事も多い秋に、移転に当たっての説明会の準備もあり、移転分割チームの二〇一五年の秋は、休日返上で慌ただしく過ぎていきました。

そして、同年一一月一三日には、庄内コミュニティセンターにて、庄内学童保育クラブの移転説明会を開催。いのう学童保育クラブの分割の時からご協力いただいていた地元議員

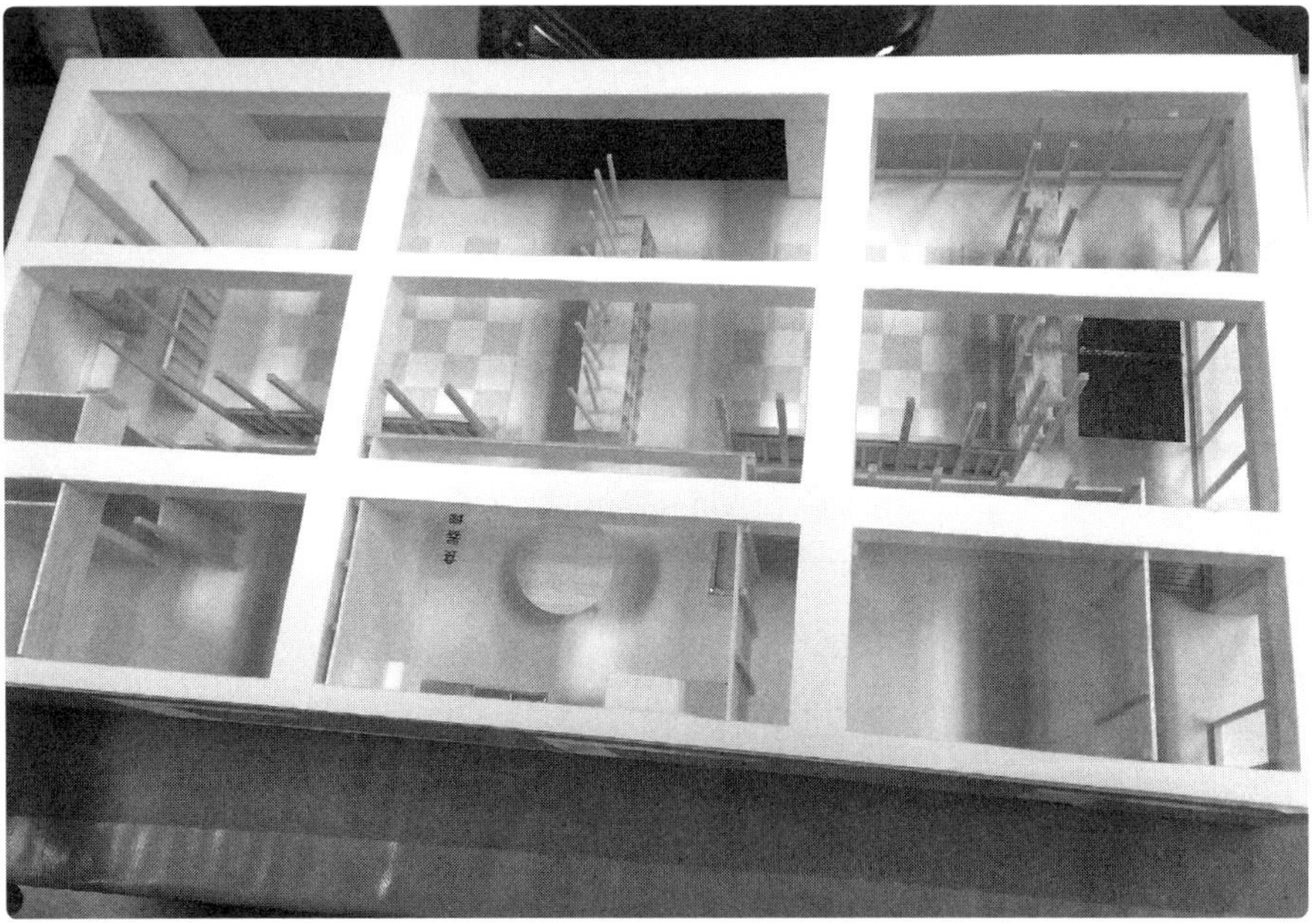

ダンボールの立体模型

の方、地域の役職者の方々のほか、谷田先生にもご出席いただき、無事、説明会を乗り切りました。

谷田先生には、段ボール製の立体模型を用いて、移転先の学童保育の完成予想図を説明していただきました（この段ボール製の立体模型は、同年一二月に行われた庄内学童保育クラブの入所説明会でも利用しました）。

一年前の入所説明会では「二〇一五年度中にこの場所から移転しなければなりませんが、まだ移転先は確定していません」と説明するしかなく「何としても移転先を決めなければ……」と非常にプレッシャーを感じていました。

完成予想図を示しながら、二〇一六年度の新一年生の保護者の方々に「皆さんは、ここではなく、完成したての新しい学童に通って

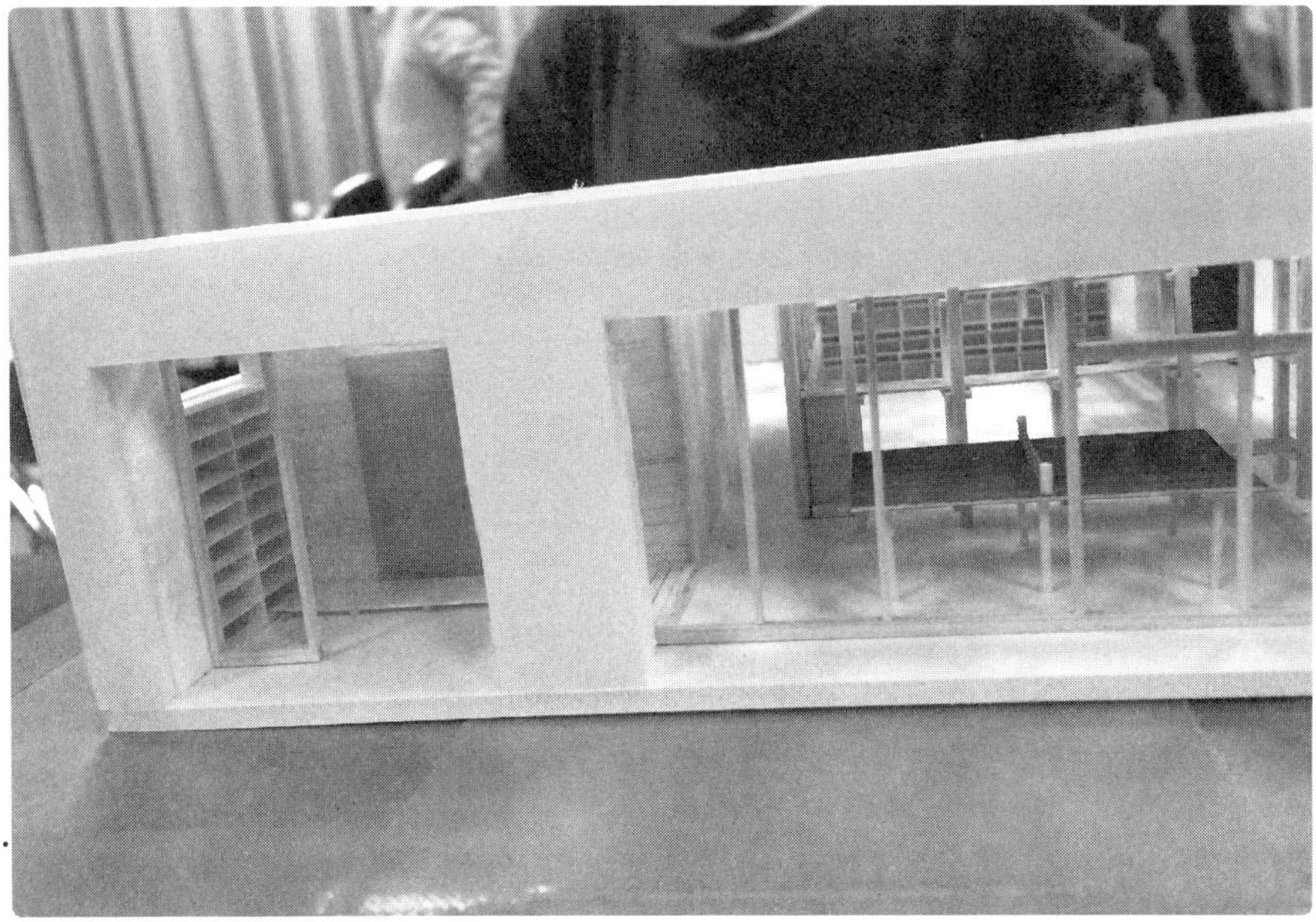

卓球台もある（右の方）模型

いただくことになります。完成予想図の模型はこちらです」と説明できることは嬉しかったです。

ただ同時に「私や移転チームのメンバーもただの小学生の親、本業の仕事も育児もあるただの親に過ぎないこと」に複雑な思いを覚えることもありました。

ただの働く親たちが、地域の共働き家庭やひとり親家庭にとって必須のインフラである学童保育を守るため、休日返上、時には平日にも東奔西走せざるを得ない現状、「できる限り待機児童を出さないためには、どのような移転プランを作るべきか」を必死に考えざるを得ない現状は、どれだけの人に知られているのだろう。そんな思いは強くなるばかりでした。

③ 思いを形に　――そして涙の卒所パーティ

二〇一五年一一月二三日の移転説明会を無事に終え、同年一二月以降は、実務的な作業に追われました。現地での業者の方々向けの工事説明会、改装工事を行う業者を選定するための相見積りの取得、相見積りを踏まえた（臨時保護者会を開催しての）業者の選定、引越作業を見越しての、学童にあるたくさんの物の採寸・整理、引越業者の検討、処分する物と新しく購入する物のリストアップ及び予算の検討、退去にあたっての原状回復の範囲に関する交渉や立ち会いの日程調整……。ラストスパートの作業が次から次へと出てきました。

最後の最後にじりじりと胃が痛くなるような思いをしたのは、二〇一六年一月になっても、支援の単位複数設置を申請するための名古屋市の書式がまだ出ていなかったことでした。

民生子ども課へは、私や移転分割チームのメンバーが何度も訪れ、改装プランも説明していました。支援の単位複数設置の制度自体は二〇一五年度から始まっていましたから「書式ができ次第、書類を整えて提出すれば良い」ことはまず間違いないことは分かっていました。けれども、改装工事には学童としては多額のお金を払うことになる以上、申請が通ってから改装工事に取りかかることになります。二〇一六年に突入しても書式ができていないとは、全く予測していませんでした。これまでの支援の単位複数設置に関して集めた情報から、提出が要求されると予測される書類はなるべく事前に用意しながら、ジリジリと書式ができるのを待ちました。

二〇一六年二月初頭にやっと書式ができ、大急ぎで書式の内容を埋め、必要な申請書類を揃え、支援の単位複数設置の申請を行いました。

改装工事を行う業者との、改装工事前の現場打ち合わせは同年二月二七日。改装工事スタートは、移転期限最後の月である、二〇一六年三月に入ってからでした。

学童保育は子どもたちの「放課後のおうち」であり、日々の遊びと生活の場です。移転工事があっても、引越作業の準備があっても「移転のための臨時休業」をすることはできません。

日々の保育でどうしても必要な物は最後まで残した中で、子どもたちは、移転前の庄内学童保育クラブでの最後の日々を過ごしていました。

親たちの有志は、休日返上で、長年にわたり子どもたちが過ごした学童の最後の大掃除、不要品の処分、かつて保護者がＤＩＹで設置してくれた漫画部のパーティションの撤去、できる範囲の荷物の箱詰めなど、引越準備に追われました。

改装工事は、引越作業と保育スタートの準備を行う三月の三連休（一九日〜二一日）の直前まで行われ、本当にぎりぎりで工事が引越作業に間に合いました。

三連休の引越作業は、まさに保護者総出。移転分割チームの担当役員になってから、何度も何度も、時には深夜まで会議を重ねた思い入れのある学童がみるみる空っぽになっていくのに切なさを覚えながら、私も、最後の掃除やゴミの処分、新学童での荷解き、トイレタリー用品等の新学童用の細々とした備品の購入等に忙しく、でも苦労を重ねた仲間とわいわい賑やかに立ち回りました。

三連休最後の夜（三月二一日夜）には、移転期限まで残り一〇日という劇的なタイミングで移転を無事に終えることができた打ち上げと、空っぽになった旧学童の建物で六年間を過ごした六年生の卒所パーティを兼ねたお祝いの会が盛大に開かれました。

涙涙の卒所家庭の親子の皆さん、劇的な移転成功を祝う子どもたちや保護者仲間のたくさんの笑顔を見て、

［学童が無くならなくて良かった、無くならないだけじゃなくて、子どもたちが毎日、遊び、生活する環境をダウングレードさせずに済んで本当に良かった、担当役員になった頃は、苦労して最大限うまくいっても、大幅なダウングレードは避けられないと思っていた、本当に、本当にほっとした……］

そんな思いがこみ上げ、涙が抑えられませんでした。

〈プロローグ〉に書いた、二〇一六年四月二日――新・庄内学童保育クラブ内覧会に至るまでには、こんな「移転分割物語」があったのです。

第2章

新制度と学童保育の待機児童問題

1 新制度と待機児童問題の概要

第一章でもお話ししたように、二〇一五年度から、学童保育の設備及び運営に関して厚労省基準が施行されるまでは、学童保育で働く職員の資格や配置、学童保育施設の面積や児童数の規模に関する法的拘束力がある規制は存在せず、ガイドラインが存在するに留まっていました。ガイドラインにも、現在の基準とほぼ同じ内容の面積基準や規模に関する基準はありましたが、法的拘束力がある規制ではなかったこともあり、児童一人あたりの専用区画(一・六五平米)を大幅に下まわる学童保育や、七〇人を超えるような大規模学童保育も存在する状況でした。

また、新制度の施行以前は、学童保育の対象となる児童は、保護者が労働等により昼間家庭にいないおおむね一〇歳未満の児童でした。

そのため、学童保育に入所できる児童を小学校三年生までとしていた自治体や学童保育も多く、小学校四年生以降の放課後や長期休みの過ごさせ方に保護者が悩む、「小四の壁」と言われる言葉も出ていました。

それが、新制度以降は、児童福祉法の改正により、学童保育(児童福祉法上の名称では〈放課後児童健全育成事業〉)は、「小学校に就学している児童であって、その保護者が労働等により昼間家庭にいないものに、授業の終了後に児童厚生施設等の施設を利用して適切な遊びおよび生活の場を与えて、その健全な育成を図る事業」と定義されることになります（児童福祉法第六条の三第二項）。このように新制度以降は、保護者が労働等により昼間家庭にいない児童であれば、小学校六年生まで学童保育の対象となることになり、学童保育の対象となる児童の範囲は大幅に増えました。

そして一方で、施設の面積基準や児童数の規模に関する法的拘束力ある基準ができました。児童福祉法第三四条の八の二の規定に基づき、各市町村は、学童保育の設備及び運営について、厚労省基準に「従い」または「参酌して」条例でその「市町村における基準」（以下、各市町村の条例による基準のことは〈条例基準〉といいます）を定めなければならないことになりました。多くの自治体で、面積基準や支援の単位ごとの児童数についても、厚労省基準に沿った内容の条例基準が作られました。

学童保育の対象となる児童の範囲が大幅に増えたことで、特に小学校四年生の学童保育の需要が掘り起こされています。その一方で、新制度施行後の学童保育施設は、

○トイレ等を除いた遊びと生活のためのスペースも、一人あたり一・六五平米は確保し、子どもたちがすし詰めにならないようにしましょう。

○一つ一つの学童保育を大規模化させず、保育を行うユニット（支援の単位）は、適正な規模にしましょう。

といった内容の条例基準に従ったものでなければならなくなりました。

ですから当然、学童保育の施設数は従来より相当数、増やさなければなりません。おおむね四〇

人以下の基準を大幅に超えている学童保育は、分割して新しい学童を作らなければいけませんし、新制度の面積基準を満たしていない学童であれば、面積基準を満たせるだけのより広い場所に移転しなければならなくなったのです。新制度施行後の学童保育の待機児童問題、施設問題を考えるにあたっては、まず、この面積基準や支援の単位ごとの児童の数の基準について理解することが必要です。

2 学童保育施設の地域格差

前項で私は、「多くの自治体で、面積基準や支援の単位ごとの児童数についても、厚労省基準に沿った内容の条例基準が作られました」と書きました。

なんだかちょっとぼかした書き方ですよね。

このようにぼかした書き方をしたのは、①厚労省基準のうち、「従うべき基準」とされているのは、放課後児童支援員の資格と配置基準のみで、面積基準や支援の単位ごとの児童の数の基準については、「参酌《さんしゃく》すべき基準」とされていることと、②面積基準や支援の単位ごとの児童の数の基準については、「経過措置等により、当該基準に適合しているものとみなしている場合についても」放課後児童健全育成事業の対象とすると、「放課後児童健全育成事業実施要綱」で定められていることによります。「参酌すべき基準」というのは、「参考にする」ということで、強制力はありません。

面積基準や支援の単位ごとの児童の数それ自体については、厚労省基準と同内容の条例基準があっても、経過措置の定め方は自治体によって異なります。例えば面積基準の経過措置がない市町村もあれば（仙台市など）、五年とする市町村（横浜市など）も、「当分の間適用しない」とする市町村（名古屋市など）もあります（例えば、名古屋市では、二〇一七年一一月現在でも、新制度以前の標準仕様である四八・六平米のプレハブ施設〈この面積は厚労省基準では二三人が定員〉に、四〇人を超える児童が入所している学童保育も存在します）。

また、市町村によっては、「当分の間」厚労省基準よりも緩和された内容の条例独自の基準を適用するとしている市町村もあります（熊本市など）。

このように、市町村により、特に経過措置の定め方について条例の内容が異なっています。厚労省基準が施行され「多くの自治体で、面積基準や支援の単位ごとの児童数についても、厚労省基準に沿った内容の条例基準が作られ」ましたが、「厚労省基準に適合した学童保育施設の設置状況」は、各市町村の財政状況や学童保育需要の程度等の事情にもよって、実際には相当の地域格差があるのが現状です。

3 待機児童数は把握できるか？

厚生労働省による、平成二八（二〇一六）年放課後児童健全育成事業（放課後児童クラブ）の実施状況（五月一日現在）（以下〈平成二八年実施状況〉といいます）によれば学童保育の待機児童数は、一万七二〇三人（二〇一五年は一万六九四一人）で過去最多を記録しました。

では、この学童保育の待機児童数は実態を把握した正確なものでしょうか。

第一章の庄内学童保育クラブ「移転分割物語」で、次年度の新一年生向けに入所説明会を行うシーンがありましたね。名古屋市では、入所の申し込みも各学童保育に直接、行われています。入所についての決定も各学童保育が行います。入所についての優先順位の定めがない学童保育も少なくありません。

市町村が学童保育を直営する、公営の学童保育であれば、入所の申し込みは当該市町村の担当課を通じて行われますし、待機となれば、保育園の待機の場合のような「不承諾通知」も届きます。

しかし、名古屋市のような、「入所手続に自治体が関与しない民営」のケースでは、待機児童や中途退所児童の把握に関しては、「わからない」ことも多いのです（なお、運営を民間に委託等していても、待機児童数について自治体が把握できている場合もあります）。

平成二八（二〇一六）年実施状況の「利用できなかった児童数（待機児童数）（都道府県・指定都市・中核市別、対前年入り）」によれば、指定都市のうち、札幌市、横浜市、新潟市、名古屋市、京都市、大阪市、神戸市、北九州市、福岡市、熊本市で待機児童数が二〇一五年、平成二〇一六年とも〇《ゼロ》になっています。

一方、関東圏の指定都市である、さいたま市では、二〇一六年は五九四人、二〇一五年は六九八人の待機児童が発生しています。千葉市では、二〇一六年は三八三人、二〇一五年では二九四人です。

この数字だけを見ると、横浜市は待機児童が発生しないよう力を入れており、さいたま市や千葉市はそうではないように見えます。

しかし、横浜市の場合は、名古屋市と状況が似ており、学童保育の運営主体の多くが、「地域運営委員会」で、かつ「実質的な運営主体は父母会、保護者会」という状況にあります。学童保育が施設の面積基準や支援の単位ごとの児童の数についての条例基準を満たさない場合は、保護者が汗をかいて分割や移転をしなければなりません。入所の申し込みも各学童保育に直接、入所の決定も各学童保育がこれを行いますので、そのような学童保育においては「既に利用定員に達しています」「これ以上増えると学童を分割しなければならなくなるので……」と事実上入所を断られる児童がいても、市町村がその児童を把握することができる仕組みにはなっていないのです。

このように学童保育の待機児童数「〇《ゼロ》」には、「把握できている待機児童数」が「〇《ゼロ》」という場合も含まれています。

二〇一六年実施状況は、学童保育の待機児童数の実態を正確に反映したものではないこと、学童保育の待機児童数は、学童保育の運営主体の多様性故に、その実態を正確に把握することが極めて困難であることも、是非、読者の皆様にご理解いただきたいと思います。

column

たかみ がくどう レポート

谷田　真（名城大学理工学部建築学科准教授）

私は、二〇一四年四月から二〇一六年三月の二年間、名古屋市千種区にある高見学童保育所の移転に関わりました。この取り組みは、子どもたち、保護者、指導員、OB、地域を巻き込んだユニークなものとなり、多くの知見も得ました。そんな一連の奮闘ぶりを以下にレポートします。

1．子どもたちの放課後の居場所を地域で育む

新たな「生活の場」を求めて

長女が学童保育に入るまで、その存在すら意識せず、保育園を卒園してから当然はじまるであろう小学生の放課後の居場所について、深く考えたこともありませんでした。娘の入学を機に学童保育での生活にふれ、保育園・学校・家庭とも違う生活の場でいきいきと過ごす子どもたちの姿を見て、よい居場所に出会えたと安心していました。そんなとき、学童保育が移転を迫られているとの話を耳にし、建築やまちづくりを専門としていた私は、なにか力になれないだろうかと、保護者や

指導員さんと一緒に試行錯誤をはじめました。移転は、土地探しから施設建設、引っ越しにいたるまで、保護者が中心となって行うにはあまりにも負担の多いプロジェクトです。その反面、自分たちの居場所をみんなで創りあげることのできる、またとないチャンスだとも思えました。

高見学童保育所は、一年生から六年生まで二九名の子どもが在籍（二〇一六年度当時）し、常時二名〜三名の指導員体制で生活しています。住宅地に立地し、周囲に生涯学習センター、児童館、大きな公園が点在し、子どもたちは指導員さんと一緒にさまざまな施設を利用しながら放課後を過ごしています。運営は主に保護者が担い、市から家賃補助を含む助成金を受けています。名古屋市の施策は、借家で保育を行う場合は市が家賃を補助し、学童保育が土地を準備すると市がプレハブを用意する仕組みになっています。

現在の場所に移転するまで、高見学童保育所は築五〇年近くになる木造の民家を借りて生活していました。二〇一二年に市の助成要綱が変更され、二〇一五年度末までに耐震基準を満たす施設での運営が求められるようになりました。古い木造民家ではその基準を満たすことができず、耐震改修も費用面などの問題があり、新たな「生活の場」を探す必要に迫られました。

保護者らは、住宅地図を片手に学区を歩き、空き地を探して所有者と交渉をする、賃貸物件の情報を集める、空き家などについての情報提供を呼びかけるチラシづくりなどの活動を、二年間つづけてきました。そして、学区の役職者の方や市議会議員さんの協力もあり、名古屋市上下水道局が所有するどんぐり広場を借りて、市が建設するプレハブを使用する方向で話がまとまりつつありましたが、広場の管理者である町内会の理解が得られずにいました。

地域の人々と共に「学童ってこんなとこ」

そこで私は、地域の人、そして保護者や子どもたち自身にも学童保育の生活を再認識してもらう機会をつくろうと、二〇一四年八月から一一月にかけて、高見学童保育所に通う子どもたち三〇名ほどを対象に、大学生一〇数名と地元設計事務所がサポートするかたちで、全四回のワークショップ「学童ってこんなとこ」を実施しました。第一回「うち・にわ編」では、室内や庭で気になる場所やものをポラロイドカメラを使い撮影し、その理由をみんなで発表し合いました（写真1）。第二回・第三回の「まち編」でも、放課後の遊び場や行き帰りの道中で見つけた気になる場所やものを撮影する

写真 1

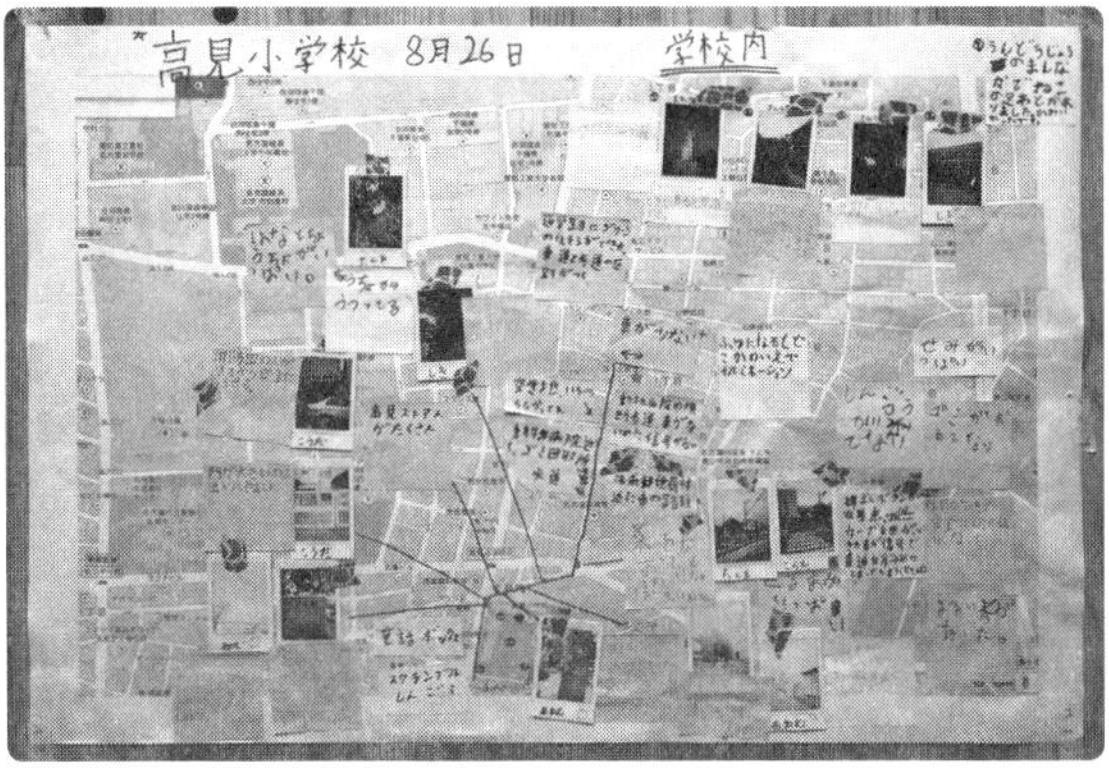

写真 2

写真３

写真４

ともに、大きなマップ上にその写真や理由を貼付け、みんなでプレゼンボードを制作しました（写真2）。

そして最終となった第四回「お披露目編」では、第三回までのメンバーに父母や地域の人たち二〇名ほどが新たに加わりました（写真3）。ここでは、学童に散在する二〇〇以上の日常的アイテムをそれぞれフォトシートとして並べ、「好きなもの・残したいもの」、「苦手なもの・いらないもの」などみんなの思いをシールに読み替え、各フォトシートに貼りまくりました。さらに、それらの思いに重み付けを行い、学生たちが準備した一畳ほどにもなる1／10スケールの学童施設模型にマーキングを施していくことで、アイテムと空間の関係性を可視化させました。また、子どもたちの日常の活動範囲が見渡せる、大きなまちの航空写真を準備し、気になる場所に理由が書かれた旗を立ててもらうことで、立体的なオリジナルマップも制作しました（写真4）。この一連のワークショップを通して、学童施設が物語を持つ多くの日用品に囲まれた豊かな生活空間であること、学童施設周辺に広がるさまざまな環境要素を駆使し、地域の一員として日常を過ごしていることをみんなで共有できたと考えています。

その後、プレハブ建設に向け、二度の住民説明会を行いました。市の担当者が、移転が必要となった制度の概要を説明し、保護者が土地探しの状況や周辺環境に配慮したプレハブの配置計画などを大きな模型を使って説明しました（写真5）。また、広場に建設されることから、地域の人にも施設の一部を使ってもらえるように、屋外ベンチや屋外手洗い、屋外から使えるトイレなどの設置を提案しました（図1）。地域の人々からは、プレハブの配置や出入り口の位置、移転後の広場の使用方法についての要望が出されました。

子どもたちの生活を考えると、「西側道路から出入りができたほ

写真5

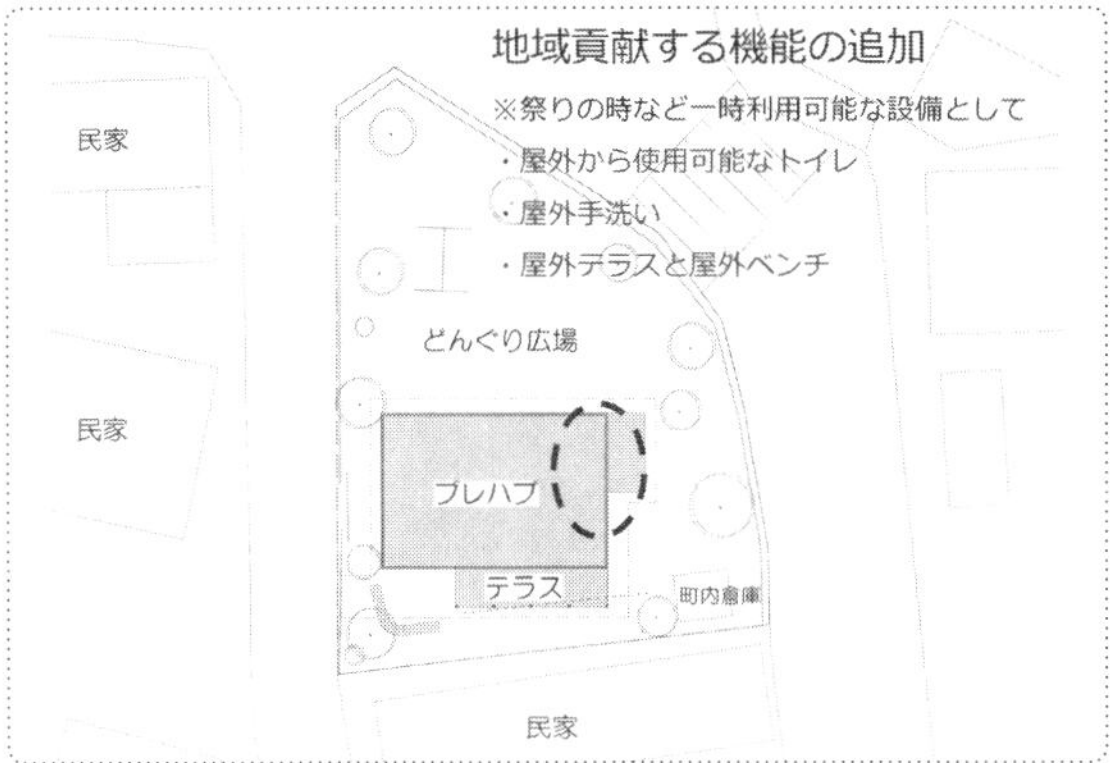

図1

高見学童施設移転計画 配置検討表		A. 南建物・西面テラス型	B. 南建物・東面テラス型	C. 南建物・北面テラス型	D.中央建物・北面テラス型	E. 北建物・東面テラス型
地域	空地の特徴	・…北側に大きな空地を確保。 ・…とまった案としては最大(C案と同等) ・…力余白はつくらない計画(西面境界平行配置) ・…ーソドックスな配置計画と言える。 (○)	・空地がL型に北東面に伸び、やや不明確。 ・東側の空地が中途半端かも。 (○)	・公園北側に大きな空地を確保。 ・建物西側に無駄な空地あり。 ・最もオーソドックスな配置と言える。 (◎)	・建物周囲に小さく異形の空地が散在。 ・余白の作り方としてはチャレンジングであるが おもしろいのでは。 (○)	D案と比べても中途半端。 ・空地がL型に伸び… (△)
	地域に対する印象	・…地に対し謙虚な印象。 ・…ォルムがかわいい(アプローチ) ・…側住居への配慮。 ・…目的ウォールが地域施設としての役割を果たす。 (◎)	・謙虚な印象。 ・西側住居への配慮。 ・多目的ウォールが地域施設としての役割を果たす ただし、A案よりも長さ(規模)が小さい。 (◎)	・謙虚な印象。 ・長いテラスが空地側に前面に張り出している為 やや占有感があるかも。 (△)	・公園全体を占有している印象がやや強い。 ・公園へのアプローチ、公園とテラスとの関係、いずれも、学童施設中心の計画と見られる。 (△)	・交差点側に建物が寄る為、外部への圧迫感はかなり大きい。 ・結果的に奥の空地への占有感が出てしまう。 ・自動車からの視界も不良。 (△)
建築	施設内の環境	・…側の空地に大きなものも置ける。 ・…側の空地を設けることで、… ・…しやす… (○)	・西面が多い為、室内環境悪化。 ・管理、指導しやすい。 (△)	・管理・指導は比較的しやすい。 ・南からの光が採れない。 ・雑多なものが置きにくい。 (△)	・南からの光を室内に十分取り込むことが可能。 ・ウラがなく、室外機等雑多なものを隠せない。 ・死角が多く、管理・指導しづらい。 (△)	・西面が多い為、室内環境悪化。 ・北側の空間が指導員さんにとって 死角となってしまう。 (△)
	学童施設の境界	・多目的ウォールと、敷地境界線により 借地スペースを明確化。 ・ウォールを使用した、ものと行為のあふれだし。 (◎)	・多目的ウォールと、敷地境界線により 借地スペースを明確化。 ・ウォールを使用した、ものと行為のあふれだし。 ・A案よりは多目的ウォールの長さ(規模)は小さい。 (○)	・借地境界線が曖昧(東西面) ・ものや行為のあふれ出しができない。 (○)	・建物壁面が境界か? ・境界線が作りにくく、ものや行為の あふれ出しができない。 (×)	・占有の境界が作りにくく、ものや行為のあふれ出しがしづらい。 (×)
参加性	施工時における特徴	・多目的ウォールは子どもたちとDIYが可能。完成後も継続的に改造が可能。 (◎)	・多目的ウォールは子どもたちとDIYが可能。完成後も継続的に改造が可能。 (○)	・DIYは基本室内のみ 長いテラスでベンチ程度はDIY可能。 ・子どもたちの参加性は少ない。 (△)	・外部環境で、子供達がDIYできる可能性なし。 ・長いテラスでベンチ程度は製作可能。 ・DIYは基本室内のみ。 (△)	・DIYは基本室内のみ 長いテラスでベンチ程度はDIY可能。 ・子どもたちの参加性は少ない。 (△)
経済性	コスト等における特徴	・テラスが短くなった分、コスト小。 ・鉄棒撤去費用あり。 ・多目的ウォールは研究室予算で一部可。 ・用途地域を大きくまたぐ為コスト増。 (△)	・鉄棒撤去費用等あり。 ・多目的ウォールは研究室予算で一部可能。 ・用途境界を半分程度またぐ為、コスト増。 (△)	・鉄棒撤去費用あり。 ・用途地域を大きくまたぐ為コスト増。 (△)	・高木1本撤去のみで、あとは現状維持。 ・建物は基本形、用途境界を少々またぐ。 (○)	・ブランコ等の撤去。 ・建物は基本形。 ・用途境界を唯一またがない。 (○)
総合評価 (満点18点)		13点	11点	9点	7点	6点

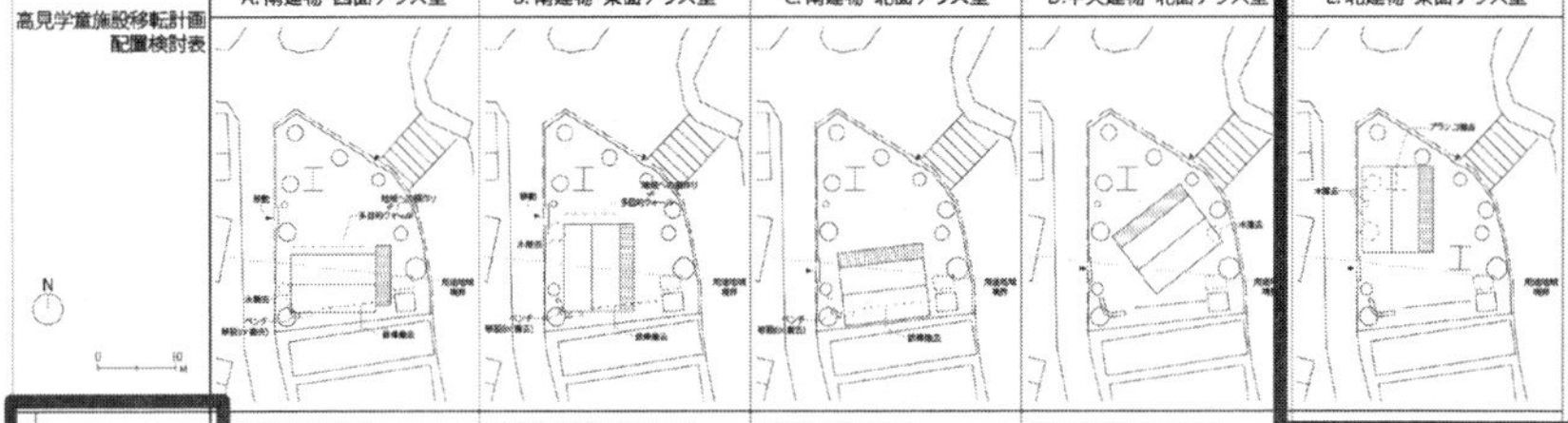

地域配慮という観点

当初の北側配置

凡例：◎3点，○2点，△1点，×0点

名城大学建築学科谷田真研究室　作成：伊藤裕美，内田槙，下村夏希　2015.5.9

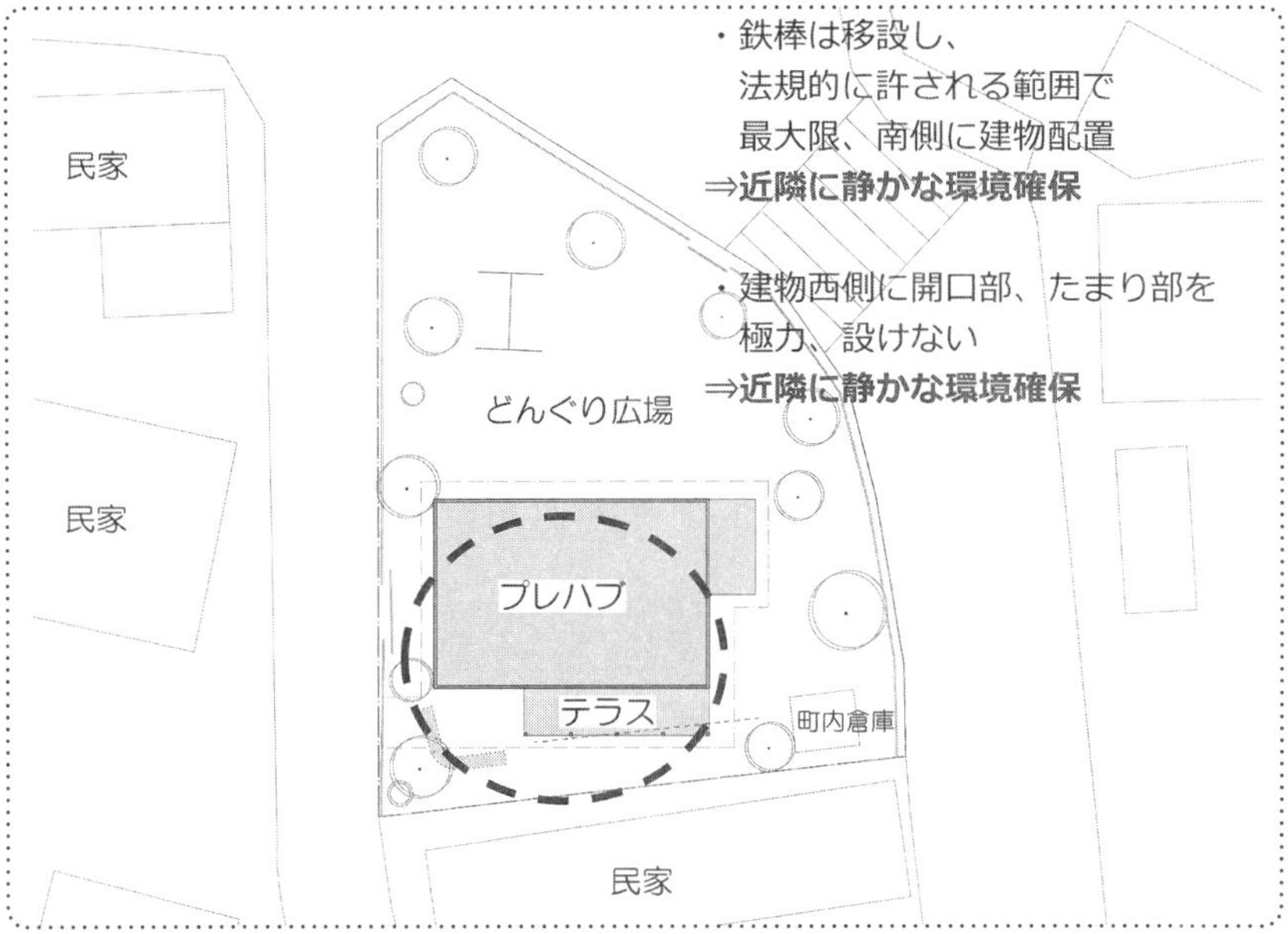

図2

うが安全かな」「南側にもう少し広い庭が取りたい」など要望は膨らみましたが、地域の人々の意見を尊重することも必要だと保護者の間で話しあい、計画を見直しました（図2）。子どもたちは、地域のなかで放課後を過ごします。そのためには、長い時間をかけてでも、学童保育が地域の一員として受け入れてもらえるように保護者や指導員さんが努力していくことが必要だと思ったからです。

「子どもの生活の場」を意識して

市が用意するプレハブは四〇名定員で一〇・八m×七・二mの大きさです。新基準に対応して広さの課題はある程度解決されましたが、ほぼワンルームです。指導員さんからは、「大きな空間だけでは小さな集団での活動に支障がでないか」「子どもがおちつく場ができるか心配」「食事の準備や片づけなど、集団での生活づくりに対応した大きな手洗い場などの設備がほしい」との要望が出されました。ワークショップでも、異年齢の子どもたちがさまざまな集団をつくりながら、多様な活動を同時に行うことや、多くのものに囲まれて生活している様子が把握できていました。

そこで、「①多様な居場所をつくる」「②ものの形状や使われ方に応じた収納の場をつくる」「③自分たちで手を加えていける可変性を備える」「④地域を意識する」の四点をテーマに計画を進めました。以下、それぞれについて説明します。

写真 6-7

① 多様な居場所をつくる

木の柱を組みあわせてつくったスリット壁（写真⑥）によって、ワンルームをゆるやかに区切りました。子どもたちが少人数で集う「小上がりスペース」と「台所まわり付近」、大勢で集う「黒板まわり」というように、子どもの活動を想像しながらスリット壁を配置しました。指導員室前のスリット壁は子どもたちの様子が見え隠れする程度の境界を意識しました。

また、子どもの休息スペースはみんなの気配が感じられるように、ベッドに見立てた小さなアルコーブ[※1]をつくりました。

② ものの形状や使われ方に応じた収納の場をつくる

学童保育には、さまざまな形状や使われ方をするものが数多くあります。文具や遊び道具などの小さなもの、長机などの大きなもの、季節のイベント時のみに使うもの、指導員さんだけが使うことになっているもの、班で管理するもの、日用品のストック、おやつの材料、食器など……。そこで、一つの壁の下全面にベンチを設け、ベンチ下には収納ボックスを入れ込みました。長机は、部屋の中央に設けた小上がりの下に専用の引き出しをつくりました。指導員室周辺は布団収納場所を兼ねた更衣室、季節に応じて使う大きなものを収納できるラックスペースとしました。台所は横幅の長いオープン棚を二段つくり、食材が一目で見わたせるようにしました。

③自分たちで手を加えていける可変性を備える

スリット壁は、柱を組みあわせただけの単純な構造で、自分たちで板やフックを簡単に打ちつけることができます。今回の工事では棚をとりつけて本棚としたり、フックをつけてコートや手提げ袋掛けに利用できるようにしたりしました(写真7)。壁や家具の塗装も最小限にし、色を塗り替えたり、壁に掲示したりと、みんなのアイデアで少しずつつけ加えていくことのできる柔軟さを持たせました。

④地域を意識する

学童保育を建設するにあたり、これまで慣れ親しんできた広場に新たな施設ができることへの不安を聞く機会がありました。地域の人に親しみを感じてもらい、学童保育での生活が地域の人々の

写真８

目にふれ、地域住民に見守られる学童保育を意識し、屋外の居場所となる広いデッキや、古タイヤによる遊具をつくりました（写真８）。また、公園に面した場所に看板を設け、地域の人々にも学童保育の存在をアピールしました。

「私たちの学童保育」を自らの手で

移転期限を目前にした二〇一六年三月の週末、子ども、ＯＢ、保護者、指導員のみんなが集まり、ＤＩＹに取り組みました。子どもたちに自分の生活の場をつくる体験をさせてあげたい、その体験が学童保育への愛着につながると考えたからです。財政が厳しい運営のなかで、工事費用を少しでも抑えたいという思いもありました。

自分で使う靴棚は、子どもたちが好きな色を選んで塗りました。低学年でも簡単にでき、できあがった棚は色とりどりの仕上がりで、シンプルな内装のアクセントになりました。低学年がモザイクタイルを並べて看板をつくり、高学年は電動工具を使い、ベンチ下に置く収納ボックスを制作しました。タイルの施工や木工作業はプロの建築業者の方に直接指導していただきました。

母親たちは壁や屋外デッキの塗装作業、父親たちはタイヤ柵づくりと、それぞれの担当範囲で存分に力を発揮してくれました。「学童に入ってこんなことまでやるとは思わなかった」との声も聞こえてきましたが、自分たちで手を加えた壁や床はきっといつまでも思い出に残り、大切に使いたいという気持ちにつながると思います。

移転期限ギリギリの三月最後の週末に無事引っ越しを終え、新しい施設で子どもたちの生活がはじまりました。「なんとか間にあった」というのが、指導員さん・保護者の共通の思いだったと思います。

今回のプロジェクトを通じて、新たな境界として半透明素材を使い自分たちの居場所をつくったり、わずかに残された壁面を掲示板に変えたりするなど、空間を住みこなす子どもたちの力には何度となくおどろかされました。古い民家を使っていた時代も、狭いなりに工夫して生活する姿がありました。その想像力に富んだ活動を少しの仕掛けが手助けし、子どもたちの生活のなかで徐々に創りあげられるような空間が学童保育には似あっていると感じました。

そして、自分たちで住みこなしてきた記憶や、居場所づくりに携わった経験が、子どもたちの学童期の原風景としてこれからもずっと心に残ってくれることを願っています。

また、移転は、地域のなかで子どもたちが生活していることを再認識する機会ともなりました。地域に受け入れられ、見守られてこそ、子どもたちは安心して放課後を過ごすことができます。私たち大人がすべきことは、これからもつづいていくとあらためて感じています。

2. 学童保育の育て方

建築を生業とする専門家の立場としてだけでなく、まちに暮らす一住民として、二人の小さな娘をもつ親として、さまざまな気付きがあったと感じています。

女性の就労支援の観点から保育所に光が当たる一方で、同じような課題を抱えつつも、あまり注目されてこなかったのが学童保育。施設数、施設環境、法制度など十分とは言い難い状況の中、近年は耐震化に伴う移転問題が重なり、多くの課題が顕在化しています。学童保育の関係者が抱く悩みの声を遠く耳にするに付け、我々が経験したこの取り組みが、関係者が行動を起こす際の一助になるのではと考えました。

そこで最後に、高見学童保育施設をベースに、特にハード面を抽出・説明し、汎用性のあるアイデアとして示しておきます。

①スリット壁

壁は、日々の様々な情報を伝える掲示板としての実用的機能や、子どもたちがもたれかかり、寄り添うことで心を落ち着かせる情緒的機能を持つ一方で、管理する側から見れば、死角をつくり、子どもたちの行動把握を拒むバリアな存在です。スリット壁は、上記メリットを補完しつつ、デメリットを克服する仕掛けとして有効です。

②小上がり

フラットな床は多人数での活発な動きが展開される一方で、少人数での寝そべり、ひざのつき合わせなど、静かな集まりには不向きです。小上がりの様に床レベルに変化を付けることで、静的な活動を許容する場が生まれます。加えて、床を畳やコルクなどに変えると、その効果はさらに増すでしょう。

③アルコーブ

集団での行動を余儀なくされる学童での日常において、こもれる空間は、ほんのひと時一人になりたい子どもにとっての避難場所になります。壁の一部に凹状に後退させたくぼみをつくりカーテンで間仕切ったり、既設の押し入れを活用したりすることも可能です。急病の子どもが出た場合のベッド代わりにも使えます。

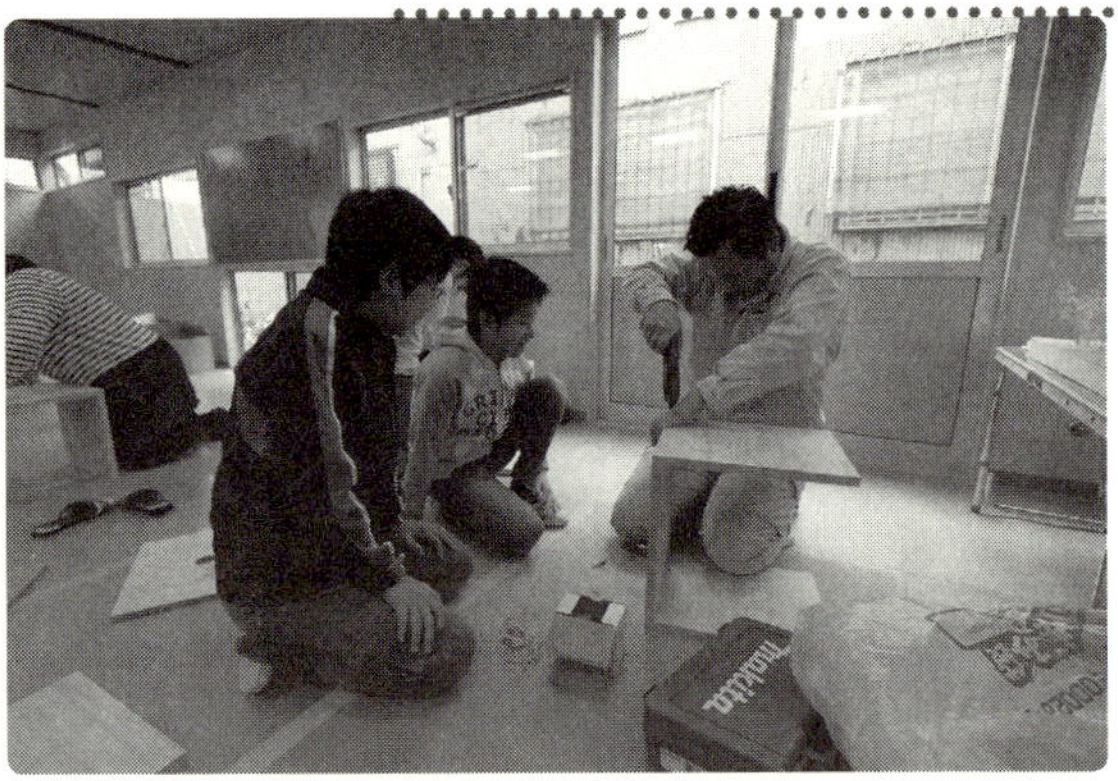

写真 9

写真 10

④ベンチ

子どもたちがとる姿勢には、立位、椅子座位、平座位、臥位などがあり、出来るだけどの姿勢も許容できる設《しつら》えが望まれます。特に学童で希薄な傾向になりがちな椅子座位をしっかり計画してあげることが大切です。それぞれの姿勢による視高の違いが、空間に広がりを与えます。また、ベンチ下は様々な小物を収納するスペースにもなります。

⑤開口部

窓の高さを一律にせず、変化を持たせることで、外部ファサード[※2]や内部空間にリズム感が出ます。天井に近い窓からは空が見え、床に近い窓からは大地が見える。同じ景色でも、その切り取り方の違いで「気付き」の視点は変わり、その窓まわりでの立ち振る舞いも多用なものになります。

⑥手作り

生活の場の一部を自らの手でつくることは、その過程で、ものや空間への愛着が生まれ、団結力も育まれます。以下にオススメのアイテムを紹介します。

A 収納ボックス（写真9）：ホームセンターで合板を五枚にカットしてもらい、その他にキャスター、ビス、インパクトドライバーを準備すれば、小学生高学年であれば、大人が補助しながら簡単に制作、量産が可能。ベンチの下などに置けば、収納量は飛躍的にアップします。

B タイヤ柵（写真10）：古タイヤを外構の柵代わりに活用。土起こしは重労働ですが、保護者と子どもたちが一緒に取り組めば、団結力も醸成されます。ペンキで着色した方が楽しくなりま

写真11

写真12

す。完成後は柵としてだけでなく、子どもの遊具としても利用可能。

C　ペンキ塗り（写真11・前頁）：塗装に入るまでの準備、養生、片付けには手間がかかりますが、子どもたちにとっては最も楽しい作業。キーカラーを複数決めてから子どもたちに選ばせれば、ある程度の選択性を生みつつ、室内のトーンをコントロールできます。

D　モザイクタイル貼り（写真12・前頁）：モザイクタイルを用いてサインを作ったり、壁に装飾を施したりすれば、見栄えのある空間が演出できます。最初に色数、模様をシミュレートしておくとクオリティの高い作品となります。

なお、学童保育施設には、高見学童保育所のようなプレハブ型の他、空き室に必要な家具などを制作するテナント型、一般の住宅を改修して使用する民家型などがあります。今回のアイデアには、プレハブ型やテナント型のような、ワンルームで空間が単調になりがちな施設に有効なアイデア、民家型のように既存の形を活かしてできるアイデアなどがあります。日々学童保育とともに奮闘している多くの方々が、それぞれの場面に合わせて、自分ごととして引き寄せ、応用してもらえれば嬉しい限りです。

※1　壁面の一部をくぼませて造った小部屋
※2　建物の正面部分

第3章

前例を作り、仕組みを作る

1　プレハブから、木造化をめざして　倉敷市の場合

齋藤武次郎（倉敷市二福のびのびクラブ運営委員長、倉敷市議会議員）

①「学童プレハブマイナス六℃作戦」

私がクラブ施設木造化を目指すきっかけになったのは、二〇一四年度の「学童プレハブマイナス六℃作戦」でした。

「学童プレハブマイナス六℃作戦というのは、このあとの項で詳しく説明がありますが、夏の間の過酷なプレハブ内温度をなんとか六℃下げようという取り組みです。

それまでも、私は、学童保育の施設改善に力を入れていました。プレハブ施設へのエアコン設置の標準化を求めていました。倉敷市の学童保育は、倉敷市が補助金を支出している学童保育はすべて公設民営、運営委員会委託方式です。施設は市が整備するが、エアコンはついておらず、運営委員会が整備しており、そのために、一定額の繰越金を常に貯めておかなければ、エアコンの買い替えができない状況でした（倉敷市の補助金を得ずに、独自で運営している民設民営の学童保育もあります）。

この「学童プレハブマイナス六℃作戦」の中で、学童保育のプレハブ教室の課題を、建設業者などの専門家の皆さんから聞く機会がありました。

特に、「天井裏に換気扇を設置し、空気の流れを作り、換気する。確実に室内温度が下がる。子

どもたちが生活する施設で、天井裏に換気扇が設置されていないのは考えられない」という話を聞き、学童保育のプレハブ施設に天井裏換気扇がないことへの疑問を感じるようになりました。

そこで、翌年（二〇一五年）に、私が運営委員長を務める学童保育「二福のびのびクラブ」のプレハブ教室に屋根裏換気扇設置工事を行いました(二教室で一九四,四〇〇円)。この年は冷夏であったため、大きな効果を確認することはできませんでしたが、室温がいくらかは下がったようです。

その上で、私が市議会議員として所属していた倉敷市議会保健福祉委員会で、「プレハブ教室に屋根裏換気扇設置の必要性、プレハブ教室のエアコン標準装備の必要性、教室の木造化の必要性」を訴えました。

この年（二〇一五年）の八月に倉敷市内の学童保育のプレハブ教室が火災で全焼するという事件が起き、その復旧経費として、九月補正予算にプレハブ設置委託料四，四〇〇万円が計上されました。この件をきっかけに、保健福祉委員会の予算審査で坪単価が約五六万円で予算化していることがわかりました。このようにプレハブ設置代が相当高くなっていることが議会でも話題になりました。「この金額だと、プレハブでなく、木造でも建設できるのではないか」という声もありました。

このことも、木造化を目指す一つのきっかけとなりました。

この年の一〇月、私が所属する市議会の会派で県外視察に出掛けていた夜に、会派の会長から「この一年間、小規模の小中学校存続問題に取り組んだ。次の一年間で、会派が重点課題として取り組むべき政策課題を提案するように」と指示が出されました。私は、翌日の夜、案を三つ提案し、その中の一つに「学童保育施設の木造化」を入れておきました。

今でこそ、待機児童の問題や学童保育の必要性はクローズアップされていますが、二年前は今ほどの切実感はなく、さらに、まだまだ量的な課題が中心で、質の課題は、少しマニアックなテーマなので、「学童保育施設の木造化」が選ばれるのはちょっと難しいかなあと思っていました。これまでも会派として学童保育充実に力を入れてきたこと、私の「恒久的な施策となった学童保育施設がいつまでもプレハブでいいのか？　今、プレハブで整備すると、三〇年後の子どもたちも劣悪な環境での生活を強いられる」という説明などから、満場一致で「学童保育施設の木造化」を重点政策として取り組むことが決定されたのです。チャンスが生まれました。

②「学童保育施設の木造化」が重点政策に

私は、県外視察から帰ると、すぐに一人で、県内の学童保育が木造で建設されているところを巡りました。岡山県内の自治体でも学童保育施設整備への取り組みは様々です。学校の空き教室を活用して学童保育を実施しているところが多いのですが、空き教室のない小学校区では、校庭の一角等にプレハブを建設しているのが一般的です。そんな中でも、浅口市や美作市などでは、木造施設を整備しています。そこで、プレハブとの差が最もわかりやすく、コスト面でも比較的低額に抑えられていた美作市の施設を選び、会派全員で訪問することにしました。

現地に行けば、誰の目にも倉敷市の施設と美作市の施設との差は明らかでした。コスト面を聞いても、そんな大きな差はありませんでした（美作市は木材の産地なので、材料費が低く抑えられやすい環境にあったのですが）。

その後、仕掛けもしました。この年の一一月に会派の市政報告会を開催し、その中で、市長と一問一答でやりとりする企画を取り入れました。五問用意した、その一問を「学童保育」と設定しました。その市政報告会には、学童保育関係者にも多数参加していただきました。市長に、県内の学童保育の木造施設の写真を手渡し、それを見てもらいながら、施設整備の充実を求めました。

また、その年の「会派からの重点要望」の中にも、「学童保育施設の木造化」を入れました。

この年の一二月議会では、また、同じ会派の議員に「学童保育施設の木造化」について質問してもらい、「学童保育の施設について、木造を含めて検討する」との市長答弁を得ることができました。

倉敷市議会では、自分の所属委員会に属することは、原則として、本会議で一般質問することができないルールになっているため、私は質問できません。

翌年（二〇一六年）の二月議会でも、同じ会派の議員に学童保育施設の充実について質問してもらいました。市長から「夏の暑さ対策など改善すべき点があると認識している」との答弁を得ました。

その年（二〇一六年）には市長選挙が行われました。

市長選挙の前後に、会派の会長から市長に「学童保育施設の木造化」を直接、要望しました。

二〇一六年五月には、会派の行政視察として、厚生労働省を訪問し、施設整備補助金についても説明を受けました。その際に、倉敷市では国の上限額を大きく下回る額での施設整備が行われていることを認識しました。国の補助金を活用すれば、十分、施設の木造化が可能であることも会派のメンバーに理解してもらえました。

五月の市議会保健福祉委員会で、学童保育施設を巡って、委員会が紛糾する出来事がありました。施設について、「プレハブ、木造、鉄筋コンクリートで比較検討する」と本会議で、市役所の担当局長が答弁しておきながら、その比較検討結果は市議会の保健福祉委員会にも報告されていない、しかし、六月補正予算編成過程で、市長はじめとする市役所担当部署はプレハブで整備することを決定しているのではないかという指摘を私が行いました。

このことについて、他の委員からを含めて、市役所担当部署が追及され、結局、謝罪することとなりました。振り返ってみると、この出来事は、木造化が実現する可能性を大きくしたのではないかと思います。

市長選挙後の二〇一六年六月議会で、学童保育施設の新築、建て替え時に屋根裏換気扇が標準設備として予算化されました。また、同じ議会で、学童保育施設へのエアコン設置補助金が創設されました（補助上限額一〇〇万円　補助率一〇〇％）。

そして、舞台は、常任委員会に移り、私の出番がやってきました。

六月議会保健福祉委員会で、学童保育施設の構造別比較検討結果が報告されました。従来のプレハブの建設費を一〇〇とすると、屋根裏換気扇等を標準設備としたプレハブは一一七、木造は一八二、鉄筋コンクリート造は二一四と示されました。要は、「木造はコストが高く、できない」

と市役所担当部署が言及したということです。

③木造化実現へ

しかし、私はあきらめませんでした。業者の方に聞くと、「このくらいの予算があれば、木造でも建設できる」とのことでした。

それを受けて、私をはじめ、会派をあげての要望活動の結果、「プレハブで建て替える予算内で、木造施設ができるかどうかを実験する」ことになりました。

まず、倉敷市が七月に市内業者に木造化での見積り依頼を行いました。お盆明けまでという厳しい期間で、「二社以上が見積りを提出すれば、入札を行う」ことになりました。

会派のメンバーにも協力してもらい、業者や業界に対しても、見積りをしてもらえるように働きかけました。しかし、業者からは「条件が厳しすぎる」、「柱と柱の間が一定以上の建築物を施行したといったような実績条件があり、見積りを提出する資格がない」との声が聞こえました。

結果的に、見積り提出したのは二社。二社による入札が行われ、予定価格を大きく下回って、市内業者の落札が八月に決定しました。

八月の市議会保健福祉委員会で、木造化の条件が市役所担当部署から示されました。プレハブでの建設費以内で施工することや、工期等の厳しい条件ながらも、その条件を満たせば、他のクラブでも木造化が可能となったのです。

決定後も三月末までに完成させることが条件とされたため、打ち合わせや引っ越し等、様々な困難を乗り越え、一〇月に工事がスタートし、何とか三月末に完成することができました。特に工期を短くするために、業者からの「壁の色は何色にするのか?」とか、「床の材質はどれがいいか?」といった様々な投げ掛けに、即決しなければならないようなことも多く、迷う時間も与えられませんでした。そのため、保護者や子どもたちの意見をほとんど反映することが困難でした。

また、工事中は、指導員の苦労も大きかったと思います。学童保育施設の建て替えの場合は、その間、保育する場所を運営委員会が確保しなければなりません。これは、木造でなくても同じなのですが、木造の場合は、プレハブと比べて工期が二・五倍(プレハブが二か月程度、木造が五か月程度)長くなるのです。そのため、学校の多目的教室を放課後のみお借りしました。しかし、学芸会の準備期間は、多くの荷物が多目的教室に置かれるので、その期間はお借りすることができませんでした。その期間は学校外の町内会集会所をお借りしました。保育場所の度々の変更を余儀なくされたこと、一定の期間とは言え、学校外の保育場所まで児童を引率しなければならなかったことなど、現場では苦労が絶えませんでした。

しかし、学校をはじめ、地域、保護者の理解と協力を得て、新しい施設ができることを楽しみに、指導員たちが頑張ってくれたお陰で、無事に工事期間を過ごすことができました。

二〇一四・六　※岡山県学童保育連絡協議会等「学童プレハブマイナス六℃作戦」（〜二〇一五・三）
二〇一五・五　取り組み説明会（齋藤参加）
二〇一五・七　二福　天井裏換気扇設置工事
二〇一五・八　倉敷市のAクラブ全焼火災　復旧経費でプレハブ建築費がクローズアップ
二〇一五・一〇　会派にて政策課題に「学童保育施設の木造化」県内視察
二〇一五・一一　市政報告会
二〇一五・一二　一二月議会「木造化含めての検討」市長答弁
二〇一六・二　二月議会「暑さ対策必要」市長答弁
※「学童プレハブマイナス六℃作戦」低炭素杯二〇一六「審査員特別賞」受賞
二〇一六・四　倉敷市長選
二〇一六・五　会派行政視察で厚生労働省訪問
二〇一六・五　市議会保健福祉委員会紛糾（「構造別比較検討結果の非提示」）
二〇一六・六　市議会保健福祉委員会で「構造別比較検討結果」の報告
「木造施設の可能性を探る」
二〇一六・六　施設の新築、建て替え時に屋根裏換気扇が標準設備として予算化
二〇一六・七　市が市内業者に木造施設見積り依頼
二〇一六・八　二社提出で、入札。落札決定
市議会保健福祉委員会で木造化の条件提示
二〇一六・一〇　工事スタート
二〇一七・三　完成

雨もりがしていたプレハブ教室

④「空気が違う」喜ぶ子どもたち

空気や雰囲気が違うよ　昔は狭かったし

前は、使い方が雑だったけど、

丁寧に使うようになった

新一年生とも仲良く遊べるようになった

部屋が広くなったし、

廊下が広がったから、

他の組にもいけるようになった

子どもたちからのこんな声が聞こえてきています。

指導員たちにも聞いてみました。

「木造施設になって一番に感じたことは、室温が違うことです。従来のプレハブ施設では、夏の室内は蒸し風呂状態で、屋根裏の温度は六〇度を超え、エアコンがあまり効かな

完成した木造学童教室

いような状態でしたが、新施設では、むしろ涼しく感じるくらいで、フローリングの床に寝転がって過ごす子が多くいました。

また、室内での遊び方も変わっています。畳やカーペットでは、床にテープを貼るとはがした時に汚くなってしまいましたが、フローリングだと貼りやすく剥がしやすいため、それを利用して土俵を作って相撲をしたり、枠線を作って体操をしたりと、子どもたちの発想力を育てるきっかけにもなっています」

また、「木造」の特徴ではありませんが、「広さ」の確保や「静養室」の設置により、子どもたちの落ち着きや安心が生まれてきました。

「部屋の広さを確保することができたため、トラブルが減り、特に障害を持っている子が落ち着いて生活できているように見えます。

子どもたちにとって適正規模での保育がどれだけ重要であるかを認識することができました。また、今回の大きなポイントは、静養室ができたことです。『静養室』が付いているのが当たり前の市町村もあると思いますが、倉敷市では、静養スペースはあっても、静養室と呼べるような空間はありませんでした。体調不良の子がメインで使う場所ですが、更衣室としても使えますし、癇癪を起した子や喧嘩・トラブルで落ち着かない子のクールダウンのために利用することもできます。特にクールダウンで利用すると、他の子の視線を遮断できるため、気が散らず、指導員と集中して話すことができる様で、落ち着くための手段として、子ども自ら入ることもあります」との感想が寄せられました。

最後に、保護者からの感想を紹介します。

「もーばっちし！」

「見た目がとてもよくなった。昔のプレハブで、どんよりした感じがあったが、新しい木造は、明るく見える」

「学校外から見た時もきれい。最高です！」

2 発想転換のきっかけは、私の企業仲間から岡山県学童保育連絡協議会の取り組み

糸山智栄（岡山県学童保育連絡協議会　会長）

1．偶然で始まった「学童プレハブマイナス六℃作戦」

①地元企業団体がきっかけで、学童保育施設の改善に取り組む

私は、岡山市の学童クラブで二人の子どもがお世話になりながら、退職、職業訓練、登録ヘルパーを経て、二〇〇五年一月NPO法人で訪問介護事業を始めました。二〇一一年には会社として独立させ、現在は、株式会社えくぼ代表取締役です。経営を学ぶために「岡山県中小企業家同友会」に入会しています。市民活動が大好きで、二〇一一年から取り組んでいたフードバンク活動の協力企業を増やしたいと考え、同会に設置されている「環境委員会」に参加しました。環境委員会の参加者は、設備、電気工事、環境測定などの会社の経営者で、介護系の私は、ちょっと場違いではありましたが、ミッションを達成すべく活動しました。

当時、その環境委員会では「地域や子どもにたちに役立つ環境ビジネス」を考えようと、環境に関するビジネスのアイディアを出し合っていました。そんな中で、よみがえったのが「暑い学童保

多彩なメンバーで作戦会議　◆参加団体・うのクラブ運営委員会・宇野学区コミュニティ協議会・財団法人 岡山県環境保全事業団環境学習センター「アスエコ」・認定特定非営利活動法人 おかやまエネルギーの未来を考える会・岡山県学童保育連絡協議会・岡山県中小企業家同友会・株式会社サンキョウーエンビックス・株式会社 成和設備工業所・一般社団法人 電気技術研究所・有限会社 アクアテクノス
◆資料提供　有限会社 御南塗装工業、株式会社 至道工業

育のプレハブ施設」の問題でした。我が子がお世話になっていた頃には、「夏休みのお弁当が腐るかもしれないので、保冷材などで工夫を」とか、「おやつのアイスクリームは、もらったら外に出て食べてね。溶けちゃうから」「室内でのんびり過ごしていたら、熱中症？」みたいな笑うに笑えない話がたくさんありました。プロの手を借りれば、なにか改善の方法があるかもしれないと、ダメ元で出したアイディアでしたが、企業経営者たちは初めて聞く、学童保育施設の状況に驚き、アイディアを採用し、やってみることとなりました。

市民活動好きで、補助金申請は慣れていたので、こちらもダメ元で応募し、よいタイミングで「平成二六年度岡山県多様な主体の協働による地域支援事業」に採用されました。応募にあたっては、「多様な主体」の名前の通り、地域住民団体と行政の参加が必須で、環境ＮＰＯなどの参加も望ましいように思われ、積極的に参加をお願いしていきました。地元クラブの運営委員会を窓口団体として、「子ども環境プロジェクト」というチームを立ち上げ、子どもたちの生活環境の改善に協力したいという一〇もの団体で応募することができました。まさに「多様な主体」です。

当事者である地域運営委員会や保護者会の長年の施設の課題に、偶然、地域の中小企業やNPO法人などの専門家が加わることで、一歩踏み出しました。さらに「岡山県多様な主体の協働による地域支援事業」の補助を受け、この「学童プレハブマイナス六℃作戦」がスタートしたのでした。

②全国の学童保育の施設の状況

学童保育の施設は子どもにとって「毎日の生活の場」です。さまざまな遊びを楽しみ、おやつを食べたり、本を読んだり、宿題をしたり。時には、横になってのんびりと過ごしたりもします。子どもが、暑い夏も寒い冬も毎日毎日過ごす「生活の場」なのですから、そこは安全で清潔で快適であってほしいものです。

全国学童保育連絡協議会の調査では、学童保育は、二〇一七年五月現在一六一六市町村に二九,二八七カ所（支援の単位）あり、一一四・八万人の子どもが利用しています（全国学童保育連絡協議会発行『学童保育情報二〇一七─二〇一八』より）。全国各地の学童保育は、その成り立ちや自治体の施策などから実に多様な実態があります。学童保育の多くは、施設整備に関わる国や自治体の補助金が少ないこともあって、施設・環境の整備がたいへん遅れています。

学童保育の開設場所としては、次表のとおり、学校施設内が一六，三〇三支援の単位（五五・七％）で半数以上を占め、その内訳としては、小学校内の余裕教室の活用七，二四〇（二四・七六％）、「学

開設場所	全国		岡山県	
	支援の単位	比率	支援の単位	比率
学校施設内	16,303	55.7%	401	71.0%
余裕教室	7,240	24.7%	149	26.4%
学校敷地内の独立専用施設*	7,208	24.6%	215	38.1%
校舎内の学童保育専用室	973	3.3%	12	2.1%
その他の学校施設を利用	882	3.0%	25	4.4%
児童館内	3,335	11.4%	9	1.6%
学校外学童保育専用施設	2,052	7.0%	22	3.9%
その他の公的施設	2,203	7.5%	56	10.0%
法人等の施設	1,931	6.6%	33	5.8%
民家・アパート	1,739	5.9%	19	3.3%
その他	1,724	5.9%	25	4.4%
合計	29,287	100.0%	543	100.0%

開設場所（全国学童保育連絡協議会発行「学童保育情報2017-2018」）*プレハブと思われる

校敷地内の独立施設」（プレハブ施設である可能性が高い）が七，二〇八（二四・六％）、校舎内の学童保育専用室九七三（三・三％）となっています。

このプロジェクトを実施した二〇一四年の調査では、岡山県の場合、二七市町村中二五市町村に四二四カ所ある学童保育のうち、「学校敷地内の独立専用施設」が一五五カ所あり、実に三六・六％にのぼっていました。特に岡山市七六／一二七（五九・八％）、倉敷市四一／八七（四七・一％）、玉野市六／一六（三七・五％）、総社市五／一四（三五・七％）と県南都市部での比率の高さが際立っていました。

三年経った二〇一七年の調査では、「学校敷地内の独立専用施設」は、二一五カ所に増え、比率も三八・一％と増えています。参考に、県南都市部の数値を列挙すると、特に岡山市一一〇／一九二（五七・三％）、倉敷市六一／一三一（四六・五％）、玉野市八／一七（四七・〇％）、総社市六／一九（三一・六％）です。

③施設改善の取り組みも、保護者・地域住民が担う地域運営委員会方式

岡山県の学童保育は、多くの市町村では地域運営委員会方式で運営されています。地域運営委員会は、学校関係者、町内会長、主任児童委員をはじめとする地域住民、保護者、指導員等により構成されており、各施設の改善についても、地道に取り組んでいます。しかし、学童保育に関する課題はさまざまあり、建物の改善や整備については優先順位が低くならざるを得ません。

私も、はるか昔、現役保護者であった頃、保護者会で論議し、業務用エアコンを設置しました。しかし、光熱費の節約のため、利用を控えてしまう傾向にあったり、子どもの人数が多くて、エアコンの効果が実感できにくかったりの状態にありました。地元住民による運営委員会や保護者など当事者だけでは打開策が見出せず、冷暖房の問題は、「我慢して過ごす」状況が慢性化していました。特に、夏休みの一か月半を中心にした六〜九月の四か月のプレハブ内の温度条件は「過酷」といっていいような環境です。学習や活動に打ち込めず、安心して過ごす「生活の場」とは言い難い現状で、このような状況下に子どもを預けて働かざるを得ない保護者の不安感は大きく、それを解消することは急務でした。

学童保育に子どもを預けて、初めてこんな課題に気づき、改善を試みてもわずか三年間では改善に着手できず、多くの保護者は我慢して過ごさざるを得ません。私の場合、上の子と下の子の年が少し離れていたので、比較的長くかかわることができました。また、連絡協議会の役員となっていたので、学童保育の制度が理解でき、情報も多く入ってきていたのが幸いでした。しかし、エアコ

プレハブの壁の断面。鉄板なのですよ。

ンの設置、施設の拡張、トイレの設置などの取り組みはできたものの、そこで私の現役としての保護者は卒業となりました。

④プレハブは簡易施設

そもそも、「プレハブ工法（プレハブこうほう）」とは、あらかじめ部材を工場で生産・加工し、建築現場で加工を行わず組み立てる建築工法のこと。『学術用語集 建築学編』（日本建築学会、一九九〇）では、プレファブ工法またはプレファブリケーション（英：prefabrication）と定められている」と説明されています。

つまり、工場で同じ規格で製造され短時間で組み立てられ、比較的安価な建造で、主な用途が工事現場事務所・震災時の仮設住宅に使われるように、同じ場所で長時間の使用を想定しておらず、特に鉄鋼系（鉄の柱・壁・屋根部）の素材は断熱性が悪く、夏季は屋根部が八〇℃位まで上昇します。このため居住部の暑さ、冬季の寒さには構造上の欠点を補う対策・工夫が必要になる「仮設小屋」と呼ばれる簡易施設のことです。

学童保育での「プレハブ」はほぼ鉄鋼系であり、そのために生じる環境は毎日の暮らしにとても厳しいものです。窓・扉等開閉箇所の多くなる学童保育施設では、機密性が悪くなり、よりいっそう暑さ寒さが厳しくなると考えられます。学童保育施設でのプレハブ構造建築を採用する考え方は、「仮設」の概念が強くあり、撤去が容易な構造を採用の重点にしたもので、未来を担う子どもたちの「生活の場」としての環境に配慮したものではありません。当然のことですが、保育所や学校が初めからプレハブで建てられることは考えられません。

2．学童プレハブの室温を下げるためのアイディア

この学校敷地内にある学童保育のプレハブ教室は縦七・三五m×幅一五m×高さ三・五mで、ほぼ東西に位置し、西側に隣接して体育館があります。

夏には室内の温度が四〇度に達し、「生活の場」としては好ましくない状況になります。西側に体育館が隣接していることから、考えられる室内温度上昇の原因は、①南側から入る直射日光による温度上昇と、②屋根が焼けることから来る熱伝導による温度上昇の二点であると考えられ、それぞれに対策を考え、検討しました。

①南側からの直射日光の遮断

a．グリーンカーテン

グリーンカーテンにはたっぷりの土と水が必要です。大きなプランターに専用の土を入れ、しっ

かりと水やりをすると失敗しません。意外に気づかないのがグリーンカーテンの重量です。一八〇センチ×一八〇センチ（三・二四㎡）のネットに緑のカーテンが生い茂り、実ができるとその重量は約三〇〜四〇キロにもなります。さらに風が吹くとその分の荷重もかかってくるので、軒先のフックや支柱の数を増やすなどして荷重を分散させる工夫が必要です。日射を遮り、実質的な温度低下の効果はもちろん期待できる上に、視覚に訴える「涼しさ」も期待できます。

外が見えるように一部は農業用遮光シート。

b. 安価で簡単、遮光シート

夏季にプレハブ施設が熱くなるのは、主に太陽からの放射熱を受け、その熱を鉄板が蓄熱するのが大きな要因です。「遮光シート」は太陽光（日差し）を遮り熱くなるのを防ぎます。昔からある「簾（すだれ）」や「葦簾（よしず）」と同じ理屈で、種類も豊富で用途から色々な製品を選ぶことが可能です。

農業用遮光シートは太陽光を遮りながら、外部の視野を確保し通風性にも考慮し、遮光率五〇%の製品を選択しました。農業用製品は一年毎に取り外す事を想定しているため耐久性は低いですが、廉価で軽く、通気性があり広い面を覆うことが比較的簡単で、グリーンカーテンとの併用も可能で形状も自由に加工できます。

②屋根が焼けることから来る熱伝導による温度上昇の抑制

a．天井裏換気装置（二系統）

プレハブ建物の屋根は鉄板製で、直射熱を一〇〇％吸収して天井内に伝達します。天井内は高温となり、その熱は天井板を伝達して室内の温度を上げていきます。天井裏換気扇は、その天井内の高温空気を屋外に継続的に排出して、室内への熱伝導を防止することが大きな役割です。

天井内を覗いてみるとこんな感じです。屋根との隙間はわずかで、頭を入れると温度差は明らかです。頭の上に蒸しタオルを乗せているイメージだと、環境ＮＰＯの方に教えてもらいました。

天井裏を覗いてみたら

プレハブ施設の天井裏。
屋根との空間はとても狭く、天井裏には断熱材が敷かれています。

③その他のアイディア

a．塗料による遮熱（夏）、断熱（冬）

また、南側のガラスや壁、屋根にも効果的な塗料による遮熱（夏）、断熱（冬）の対策方法や、屋根の裏や外壁に貼る遮熱板の開発が進んでいるとの情報を得ました。

b．打ち水で冷やす↓雨水タンクの設置

・水道水以外（自然）の水を使う案

1　雨の日に、バケツや容器を並べて容器に貯める。↑無理

2　川の水を汲んでくる。↑遠いので無理。

3　プールの水を使う↑消毒してあるので無理。

雨水をためて活用します。

4　池を作る↑小学校内なので許可が出ない。

等のさまざまな案が出ましたが、実用的でないため、屋根に降った雨水を樋で受けて下水に流している水をタンクに貯めることにしました。タンクはポリ製ドラム缶で、再利用品で二〜三〇〇〇円で購入可能、配管はホームセンターで購入し、総費用一万円以下で制作できました。今回は、材

料費のみで、メンバーの企業仲間がボランティアで設置してくださいました。

c．風鈴で癒やしの環境づくり

気持ちの面から、涼しい環境を作るのはどうか。

無地のガラス製風鈴に子どもたちがペイントマーカーで自由に絵を書いて、窓際に吊るしました。風鈴は自然の風を受けた短冊がゆれることによって「ゆらぎ」と呼ばれる不規則なリズム音が発せられ、小川のせせらぎや小鳥のさえずりなどと同じ高周波音を出し、多くの日本人が「癒やし」の音として感じるようです。「風鈴＝涼しい」という日本人特有の刷り込みが、癒やし効果とあいまって涼しいと認識するようです。

d．プチプチシート貼り（防寒対策）

夏を過ぎ、まとめのためにクラブで会議をすると、床の冷たさ、寒さが身にしみるようになりました。何かできないかと梱包用プチプチシート（緩衝材）を窓に貼ることにしました。テープで直接貼る予定でしたが、子どもたちが過ごす場所なので、少しでもきれいな方がよいと木枠を作り、それにプチプチシートを貼り、窓に固定しました。換気のために、一つおきに設置しました。

以上のようなたくさんの案の中から、検討し、可能なものを実施しました。

以下は、出されたアイディアをまとめたものです。

〈**対策案**〉

(1) 南側から入る直射日光による温度上昇

＊グリーンカーテン　見た目が涼しい。育てる楽しみがある。虫が寄ってくる可能性がある。育つまで期間が必要。枯らしてしまう恐れがある。

＊葦簾《よしず》　手軽である。風や子どもがぶつかって倒れる可能性がある。

＊遮光シート　廉価で軽く、通気性があり広い面を覆うことが比較的簡単。黒色の見た目が気になるかもしれない。

(2) 屋根からの熱伝導による温度上昇

＊断熱材を屋根裏に敷く　安定した断熱効果がある。撤去する際に、粉じん飛散の恐れあり。現場を確認したところ、現在の断熱材にも八割の能力が残っており、継続して使用。

＊天井裏換気　空気の換気により、確実に室内温度がさがる。工事費用と工事期間が必要。

＊屋根に散水　表面の温度がさがり、室内温度もさがる。工事費用と工事期間が必要。

(3) 直射日光・熱伝導両方の温度上昇に対応（窓ガラス・壁・屋根から伝わる熱を防ぐ方法）

＊透明遮熱ガラスコート剤　ローラースポンジで塗りムラなくコートでき、夏の西日対策、紫外線対策、冬の結露対策ができる。塗料代・施工費用が必要。

＊「冷めやすい塗料」（太陽光高反射・遮熱塗料）　超微粒子真球無孔質ファインセラミックス（特殊セラミックス）の塗料。高熱伝導、低熱膨張、耐熱向上の機能を持ち、電子、電気、自動車、医療等精密機器の熱対策に最先端分野で応用されている素材。この「熱を逃がす力（排熱機能）」に着目し、建材塗料へ応用したもの。塗料代・施工費用が必要。

＊「遮熱材（アルミニウムのシート）」　金属、コンクリート、レンガ、プラスチック、木材等あらゆる素材に貼れる。遮熱材・施工費用が必要。銀色（表面に塗装不可）。

＊輻射熱の阻止工法　遮熱材（〇・一ミリ～〇・二ミリ）。屋根の下に貼ったり、天井材の上に置いたり、壁や床下に貼ったりして輻射熱を遮断する。一度貼ればメンテナンスは不要。

3. 温度測定と考察

取り組みの成果を明らかにするため、参加団体の一つで、環境分析が主業務である株式会社サンキョウ―エンビックスが中心になり、二〇一四年七月二三日から八月三一日の間、対象プレハブハウスにおいて、外気・屋根裏・室内にデータロガ（記録計）付の電子温度計を設置し、連続して温度測定を行いました。また、比較対象として岡山市内三クラブの協力を得て、同様の温度計測と記録をお願いしました。

測定準備を整えて夏休みを迎えましたが、この年の岡山の夏は、全国ニュースになるほど日照時間が少ない夏となりました。猛暑日が続けば、取り組みの大きな成果を見いだせたであろうと残念でした。

そんな中でも、いくつかのデータは得られました。まず、ゴーヤのグリーンカーテンの設置場所の日光のあたるところとその内側では、日なた側が三三℃を超える日時の比較では、平均二・四℃の差があり、最高では三・九℃の差が明らかとなりました。

24時間温度を計測します。

カーテン裏の温度を測定します。

上が天井裏、下が室温です。午前中の測定で既に14.5度の温度差。

また、四クラブとも記録が取れた中で最も暑かった七月三一日の比較です。四クラブのうち、九時の時点での気温がこのクラブと一番近かったAクラブを比較してみました。二時間後のこのクラブの天井裏気温は四八・六℃でプラス四・一度、Aクラブでは五四・五℃でプラス九・八度でした。二クラブの温度差は、五・九度となっています。建物の構造や、ドアや窓の開閉、エアコンの稼働時間や、温度設定、子どもの人数などさまざまな条件が異なりますが、この大きな温度差は、さまざまな取り組みの成果と考えてよいのではないだろうかと考えます。

4．子どもたちの学びと参加

① 環境学習

この「学童プレハブマイナス六℃作戦」は、学童保育関係者や地域の住民を巻き込んだものであり、活動をとおして地域の連携が広がることも目指しました。また、子どもたちが単なる参加者でなく、この取り組みをきちんと理解する主体者となることも意識して取り組みました。そのために、環境NPOの力を借りて、子どもたちと一緒にグリーンカーテンに取り組むことの意味、なぜそれをやるのか、やらなければならないのかを勉強しました。

地球温暖化やエネルギー問題を取り上げ、私たち人間が原因者であること、それを解決できるのも私たちであることを学習しました。なにげなくつけているエアコンやテレビ、人がいないのについている照明、普通のことがどれほど私たちの住む地球に負荷をかけているかを学び、小さな積み重ねが大きな結果につながることを学習しました。

グリーンカーテンを育てることは、私たちにも簡単に取り組める温暖化対策、それを地域の方々と連携を取りながら進めていくことができました。

子どもたちがゴーヤの苗の植え付け。

②子ども自身が測定し、実感　～温度計の設置～

これまでも「暑い」と感じてはいたでしょうが、実際に測定してみる機会はありませんでした。

当該クラブに加え、岡山市内の三つのクラブの協力を得て、可能な範囲での温度測定を実施しました。企業メンバーが温度計を設置し、測定会社の社員が子どもたちの興味関心をひく記録表を製作し、四クラブの指導員に説明し、それを子どもたちが測定と記録を行いました。今まで感覚で感じていたものを実際の数字で知ることでより具体的に理解できるようになりました。天井裏の温度の高さも初めて知ることができました。この夏は日照時間が少なく、驚くような変化が見られなかったのが残念でしたが、温度計を設置し、記録していくことは、常に自分たちのクラブハウスの環境を意識するという点で非常に有意義な活動でした。今後の対策を行う上でも必要なことであると大人自身も感じました。

③環境問題への関心が広がる

a．節水コマ設置　水の使い方への配慮

さまざまな活動を通して、環境への関心が広がっていきました。子どもたちと自然エネルギーの事、省エネルギー（もったいない）についての話の中で節水の話になりました。通常水道を利用する際、ゆっくり水道をひねる子どもが少ない中、初めの使用量を押さえることができ、夏場の水道使用について、節水に結びつく大変良い試みで、子どもたちは関心を持って作業の手伝いをしました。

節水・無駄に水を出さないためにできることを検討しました。

必要な量だけ水道の蛇口を開ける。↑意識付け。

水が一度に多く出ないようにする。↑節水コマ。

ゴーヤのグリーンカーテン。涼しそうです。

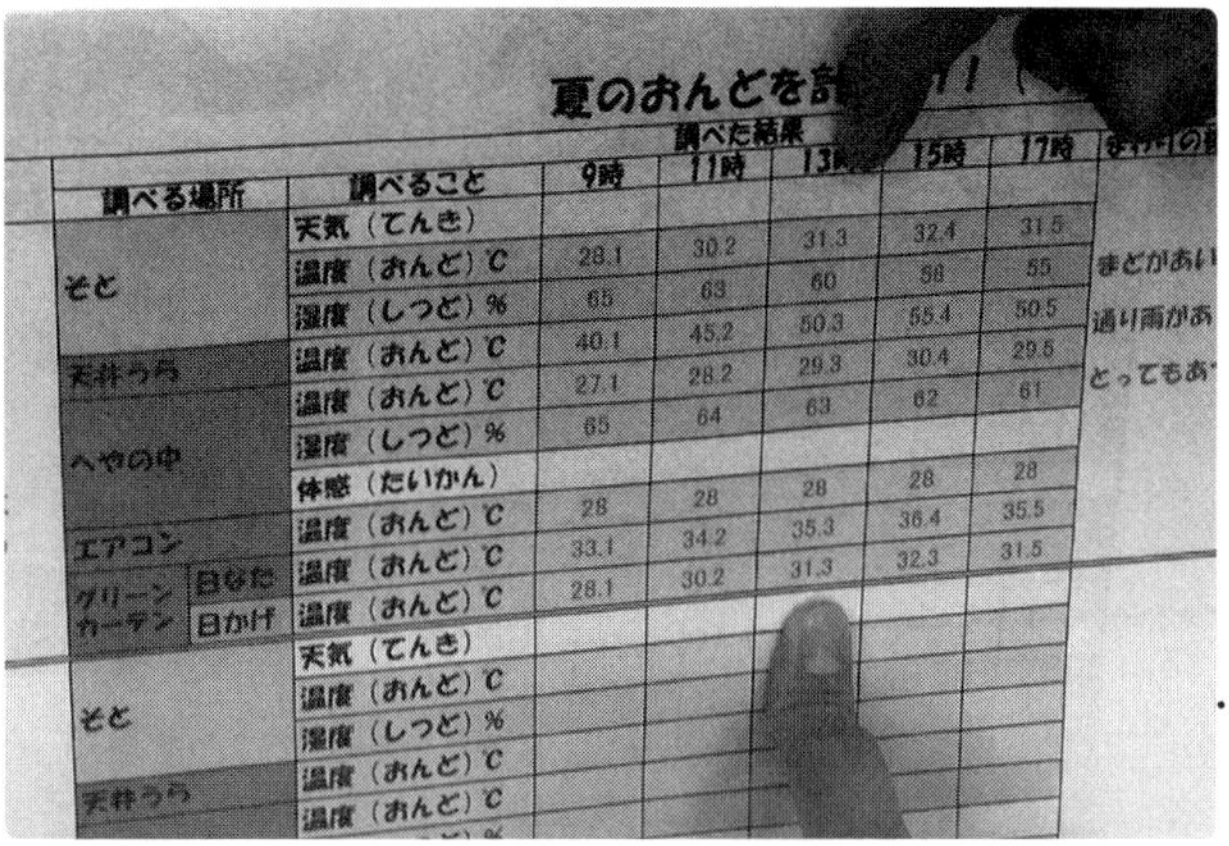

測定会社作の子どもたちが楽しく記録できる記録表。

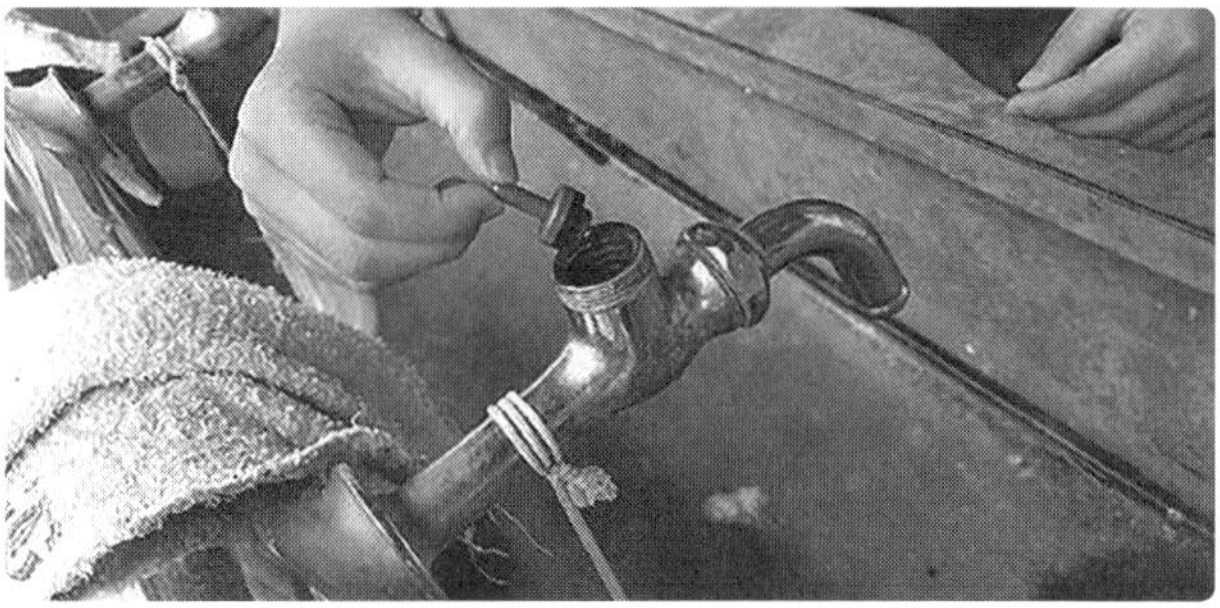
「コマ」をつけて節水の意識付け。

手を洗った水を、植物に散水(再利用)する。↑石鹸等の使用を考えると無理。

注)節水コマは、ホームセンターで数十円で販売されています。地域によっては、市役所・水道局で無料配布している市町村もあります。

手洗い用の五つの水道栓に節水コマを取り付けました。水道栓の開度を九〇度にしたときの水量は一二リットル/分(水圧〇・一メガパスカル)ですが、節水コマを取り付けると六リットル/分となり、一分間で六リットルの節水ができます。一五〇人の子どもたちが一日一回、一〇秒間使ったとしたら、一日当たり一五〇リットルの節水ができる計算になります。水道栓の開度が九〇度〜一五〇度のときに概ね水量は五〇%削減でき、一五〇度を超えると節水割合は減少していき、全開で普通コマと同じ水量となります。

b．ゴーヤ感謝祭〜リース作りと廃油キャンドルで締めくくり

九月には、ゴーヤの実を収穫、一一月には、役目を終えたゴーヤを中小企業家同友会会員と子どもたちとで刈り取り、保管し、一二月に「ゴーヤ感謝祭」をして、再び、地域の皆さんとゴーヤの枯れたつるでクリスマスリースを作り、併せて、環境を考える取り組みとして「廃油キャンドル」作りも楽しみました。

同時に防寒対策のプチプチシート貼りも実施しました。地域のみなさん、企業、クラブとの懇談も行い、情報共有や今後の課題について語りました。

5．学童保育の施設改善を社会的な話題に

①ゴーヤ栽培コンテスト

この取り組みをした二〇一四年度、ゴーヤ栽培のコンテストに応募したところ、「学校の部」で優秀賞を受賞しました。一年間の成果をまとめ、カラー写真をたくさん載せた報告書を作成し、関心のあるクラブや議員や行政関係者などに届けました。全国的にも施設の課題で困っているクラブは多いと考え、SNSを活用して情報発信を続けました。

翌年、二〇一五年度には、岡山県学童保育連絡協議会では、この取り組みの説明会を実施し、希

茂った後、実をつけました。

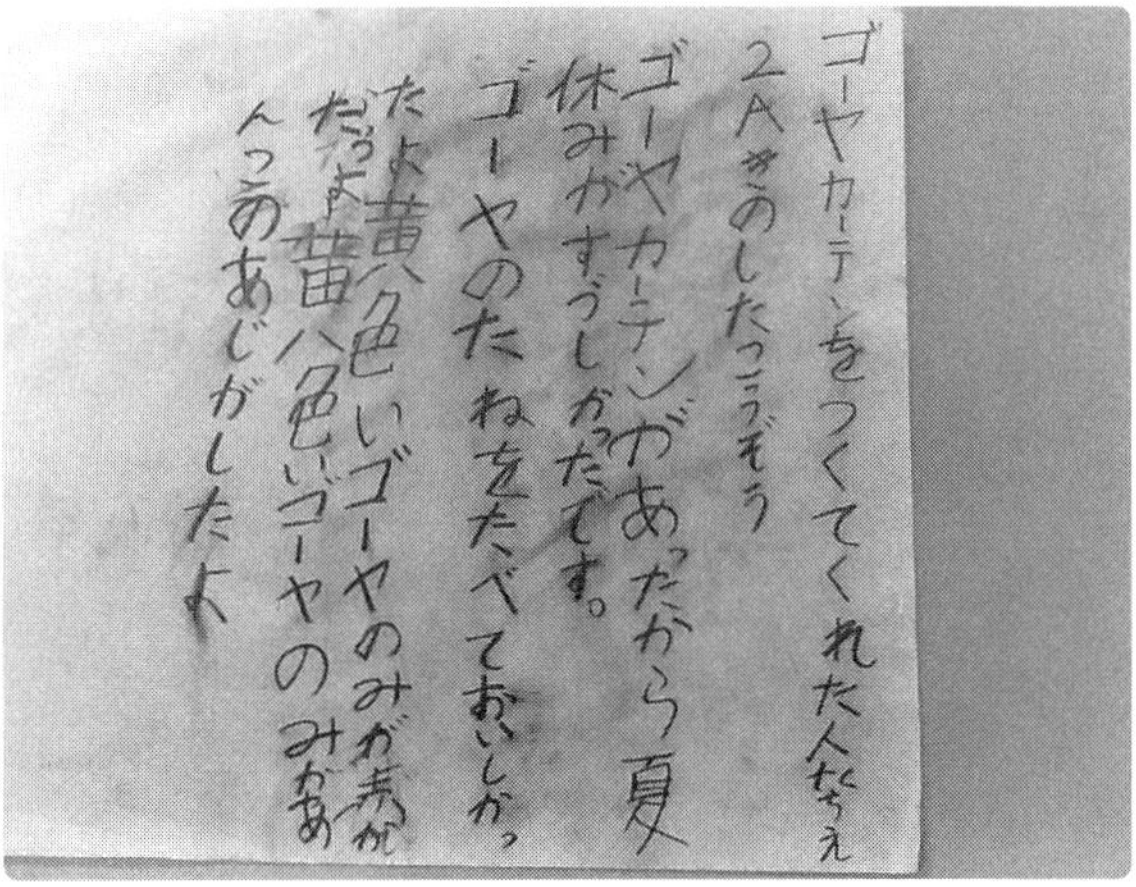

子どもの作文。

望するクラブには具体的な相談にのりました。この説明会に参加して、「天井裏換気扇」の話を聞いたのが、倉敷市の二福のびのびクラブの齋藤さん（第二章（1）参照）でした。また、別の一クラブからは「音が響いて、頭痛がする」という課題が相談され、中小企業家同友会のピアノ調律の会社の方と設備会社の方が出向いて、調査をして可能な対策をとっていただくことができました。

また、プロジェクト参加団体より、「低炭素杯二〇一六」を紹介いただき、応募しました。全国の一九九六団体の中のファイナリストの三八団体に選ばれ、二〇一六年二月一六日、東京でプレゼンを行いました。翌日の一七日の入賞者発表では、入賞はなりませんでした。ところが、閉会式の委員長挨拶で驚きの審査員特別賞をいただきました。なんと「審査員特別賞」は元々用意されてなかった賞が創設されての受賞でした。

低炭素杯 2016 にて、審査委員特別賞受賞。左から二人目が著者。

② 前例を作り、仕組みを作ろう

当事者の中では困っていても手をつけにくかった施設の「質」の課題に、地元企業や環境NPOなど外の専門家が関わることによって、大きく一歩踏み出せた取組みでした。「本当にこんなところで子どもが過ごしているの？」「指導員さんたちの労働環境の点からいっても、まずいのでは？」企業経営者の方からの素朴な疑問でした。

「学童保育があるだけで、預けられるだけでありがたい」的な保護者の麻痺していた感覚に、常識的なコメントをいただき、ハッとしました。

「あんなところに子どもを預けて、働くの？」二〇年前にかけられた言葉を思い出しました。学童保育の施設を思う時、健康的か？　文化的か？　今の日本で、ふと憲法二五条を思い出してしまいます。岡山の場合、学童保育は選べない。学区のそこに行くしかないのです。

さて、この偶然始まった取り組みをきっかけにして、木造施設を実現した倉敷の取り組みは大きな前例となりました。

しかし、まだ、二例目の木造施設の声は上がっていません。施設の課題を改善していくためには、前例を作り、例を積み重ね、それを仕組みにしていく必要があります。

全国の施設整備に取り組み、例を積み上げ、仕組みにしようと取り組んでいる地域を紹介します。そんなことができるのか、参考にして、動いていきましょう。前例は、大きな実績なのですから。

第4章

発想を転換して、動けば変わる。動いて変える。

1　建てて賃貸!?　大家さん、現る！　さいたま市における学童施設の現状

駒木根敦子（特定非営利活動法人　さいたま市学童保育の会）

①さいたま市の学童施設の現状

さいたま市は現在二三七箇所の放課後児童クラブがあります。その内、指定管理制度で運営されている公立放課後児童クラブが七四か所、民間施設等を利用して委託事業で運営されている民設民営の放課後児童クラブ（以下、民間学童保育）が一六三箇所あります。さいたま市の待機児童対策は「公立は増やさず、民間の力を借りて対応していく」という方針があることから、新規開設は民間の学童保育所運営者自ら準備をしています。民間学童保育の運営者は、一〇年ほど前はほとんどが保護者会でしたが、近年は保育園経営者、一般ＮＰＯ法人など運営体の形態も多様化し学童保育所の開設が広がっています。

民間学童保育開設の際に最も大きな壁となるのが施設問題です。行政に公的施設を要望しても実現は難しく、実現した所でも長い歳月を要することがほとんどです。現在のさいたま市は公共施設を基本的に増やさない「さいたま市公共施設マネジメント」があり、待機児童数日本一を競うさいたま市がこんなことでよいのかと首をかしげる状況です。とは言え、行政の窓口となっている担当

課は私たちへの深い理解の元、多大なご協力をいただき、行政と民間学童保育運営者との協働で学童保育を広げていると実感しており、契約料、開設時の整備促進補助の導入など民間学童保育が開設しやすい整備も実現しています。

②まずは施設探しから

さて、民間学童保育の開設には運営者が施設探しから始めなくてはならないのですが、それは保護者会が運営する学童保育も同様です。保護者たちの「学童保育が必要」という強い思いと行動力なくして、学童保育の開設は成り立たないのです。

さいたま市の民間学童保育が公的施設を無償貸与されているのは二三か所。これ以外は借家、マンションの一室、貸事務所等で保育をしています。公設施設を要望していくよりも自分たちで施設を探す方が早いのですが、とは言えそう簡単に施設は見つかりません。保護者、指導員が手分けしての不動産屋廻り、地域ローラー作戦、空き家があれば登記簿を取りよせての家主さん、地主さん探し。賃貸に出ていない物件の賃貸交渉。地域議員、自治会長さんへの協力依頼もしながら必死の施設探しが続きます。長くかかるときには年単位での活動となり、やっとの思いで施設にたどり着くこともしばしばです。施設探しに苦戦する要因は、ある程度の広さが必要なこと、賃料が高いこと、そもそも空き物件がないこと、地域により市街化調整区域に囲まれ建物が増えないこと。そして近年では近隣住民の反対の声がとても多くなっていることがあげられます。

このような状況が長年続いてきましたが、この数年大きな変化が起きています。それは、すでにある建物を提供いただいていた従来型から「学童占有施設を建設」してくださるオーナーさんが一人、二人と増えてきていることです。住民反対運動などもある中、こうした学童保育に理解を示し「慈善活動」「地域貢献」と協力をいただける方に支えられて、さいたま市の学童保育事業は成り立っていることを痛感します。

③10年越しで実った学童施設

「地域貢献」の気持ちに支えられた一例がさいたま市西区の指扇《さしおうぎ》学童です。

指扇地域は二〇〇六年時点で公設施設と民設施設の二施設がありましたが、児童数増から三か所目の開設が必要でした。一〇年という歳月をかけて施設を探し続けてきましたが、周辺住民の理解が得られない、耐震条件が合わない、市街化調整区域に囲まれた地域で空き地はあっても簡単に建物が建てられない、と施設探しは苦戦の連続でした。学童保育保護者会から自治会に「協力を訴える回覧板を回してほしい」とお願いをするも実現せず、空き地の地主さんにご相談をしても問題が様々あり断念したこともありました。

そんな中、学校・PTA・地域自治会等が一堂に会す会議の中で「子どもは増えているのに施設が見つからなくて。子どもたちはひしめきあって生活しているんです」と発した学童保育保護者の声に、自治会連合会の会長さんから「それなら回覧板を回して施設を探しもらえるように声をかけてあげるよ」とありがたい取り計らいをいただくことになりました。

学童保育単独の行動では断念したことが、学校、地域との合同会議という場で発信したことが大きな転換となり、夢のような施設にたどり着くきっかけとなりました。

「空き家でも空き地でも、子どもたちのためにご提供いただける物件を探しています」A4判のシンプルなモノクロチラシ。このチラシに目を止めてくださった方がいらっしゃいました。そして「市街化調整区域で何も建てられないから。学童保育施設が建てられるならどうぞ使ってください」と地域の地主さんから連絡が入ったのです。祈るような気持ちで待っていた保護者たちは大喜びしました。さらにその場所は学校の側道沿い。大きな道路に出ることもない、願ってもない好立地な場所でした。

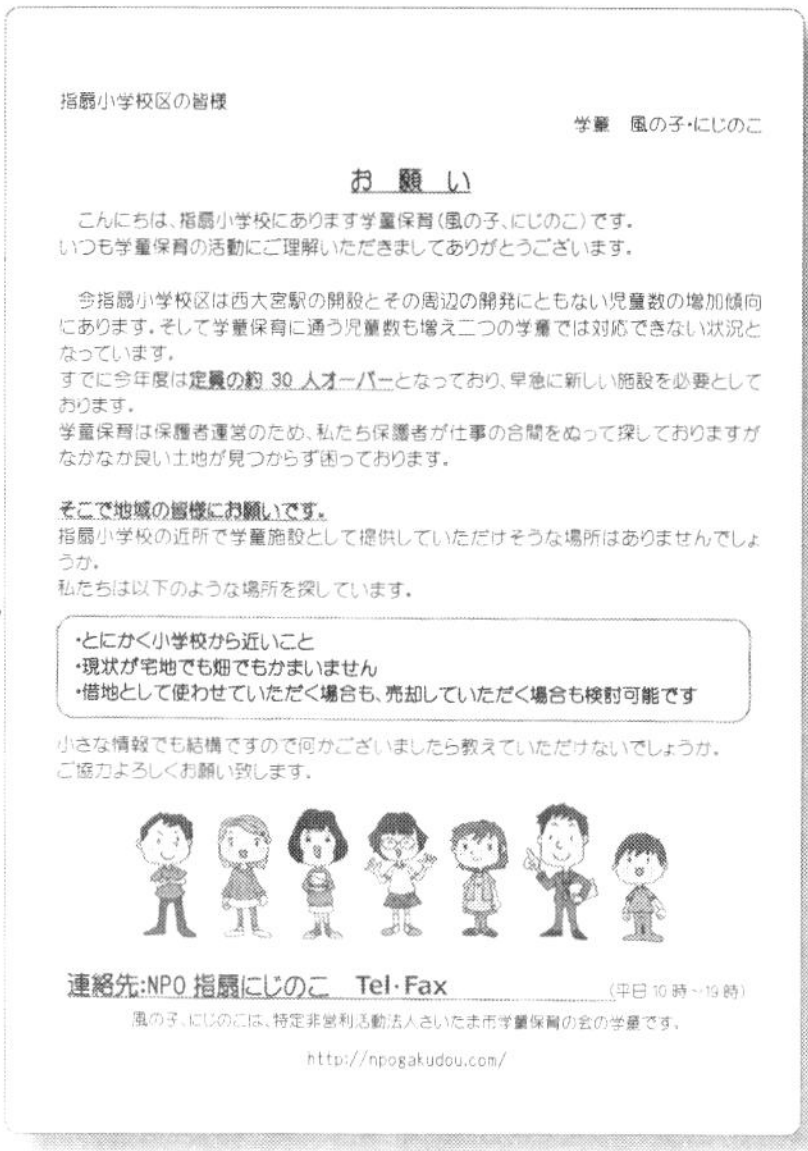
指扇小学校区の皆様

学童　風の子・にじのこ

お願い

こんにちは、指扇小学校にあります学童保育(風の子、にじのこ)です。
いつも学童保育の活動にご理解いただきましてありがとうございます。

今指扇小学校区は西大宮駅の開設とその周辺の開発にともない児童数の増加傾向にあります。そして学童保育に通う児童数も増え二つの学童では対応できない状況となっています。
すでに今年度は定員の約 30 人オーバーとなっており、早急に新しい施設を必要としております。
学童保育は保護者運営のため、私たち保護者が仕事の合間をぬって探しておりますがなかなか良い土地が見つからず困っております。

そこで地域の皆様にお願いです。
指扇小学校の近所で学童施設として提供していただけそうな場所はありませんでしょうか。
私たちは以下のような場所を探しています。

・とにかく小学校から近いこと
・現状が宅地でも畑でもかまいません
・借地として使わせていただく場合も、売却していただく場合も検討可能です

小さな情報でも結構ですので何かございましたら教えていただけないでしょうか。
ご協力よろしくお願い致します。

連絡先:NPO 指扇にじのこ　Tel・Fax　(平日 10 時～19 時)

風の子、にじのこは、特定非営利活動法人さいたま市学童保育の会の学童です。

http://npogakudou.com/

保護者手作りの回覧板用チラシ。

とはいえ、現況は雑木林の整地されていない土地。道路も水道も通っていない、完成までにはいくつものハードルがありました。土地は見つかったものの、建物は誰にお願いすればよいのか？　そして市街化調整区域に学童保育施設を建てる際の条件も簡単ではなく、誰なら建てることができるのか等、調べなければならないこともたくさんありまし

出入り口も独立した新施設。

た。不動産に疎い学童保育の保護者たちでしたが、以前指導員をしていて、現在は不動産業を営んでいる仲間に協力をいただき、問題点を整理していくことができました。学童保育の保護者、地主さん、不動産業者との協議が重ねられ、最終的に条件が見えてきたところで地主さんから「子どもたちのために」と建物も提供いただけることになりました。

ちょうどこの頃、これまで使っていた民設施設の契約期間があと二年ほどで完了する時期に来ており、一施設ではなく二施設必要な状況にありました。ですが、地主さんのご厚意で二施設二階建て（定員は合わせて八八人）建設の承諾をいただき、一気に施設問題が解決に向かい始めたのです。

その後、行政の建築許可までに時間がかかったり、遺跡確認があったりとそれなりに難問があったものの、約二年後、夢のような二階建て学童保育施設が完成しました。建設に当たっては、学童保育側のリクエストも丁寧に聞き入れてくださり、ハウスメーカーの協力もあって、施設内部の細かな所も保護者、指導員、子どもたちの思いがたくさん詰まった施設になりました。

契約期間は「学童占有施設」として建設していただくので、二〇年となりました。もしも契約期間を満了せずに契約解消となった時は、「契約期間の残り年数分の家賃を全額支払う」ことが条件でした。

二〇年……。今いる保護者はみな卒所をしてしまっている。後世の人たちにそんなリスクを背負わせて良いのだろうか。そんな迷いもありました。それでもみんなで話し合い、都市計画の開発地域でまだまだ家も集合住宅も建設予定のある地域。数年先に足りなくなる心配はあっても二〇年以内に施設の数を減らす心配には至らないであろう、と大きな契約の決断をしました。

④まだまだ変化し続ける地域との関係

指扇施設建設から一年後、このご縁が元で、建築に携わったハウスメーカーが地主さん探しに協力してくださるようになりました。そして、やはり何年も施設探しをしていた地域で学童保育施設を建設いただける地主さんと巡り合うことができたのです。

「以前から学童保育に関心があって、施設を提供できたらと思っていたの。子どもたちと一緒に畑もできたら素敵」とおっしゃっていただける子どもが大好きという地主さんとの出会いでした。

こうして大規模小学校区に二施設二階建て、約一〇〇人が通える学童保育施設が完成しました。

ここでご紹介した「ゼロから学童保育を建築」していただいた事例の他にも『学童用にと売り物件を購入』しての賃貸借契約や、『持ち家を使っていないから』と耐震工事費用や室内改装費も負担いただいて賃貸借契約をしてくださる事例も出てきています。

さらには「学童用に施設を貸したいというオーナーさんがいらっしゃるのですが、会っていただけますか？」と仲介の不動産業の方からの問合せも入ってくるようになりました。少し前までは考えられなかったことですが、社会的にも学童保育の知名度が高まり世の中の関心が高まったことで、それまで門前払い同然だった学童保育という事業が世の中に認められるようになったのかなと思うと、とても喜ばしいことです。学校内や公的施設は安全面から考えても、行政の責任面を考えても適切です。ですが、こうして地域の方のご協力をいただく中で、学童保育が地域と手を携えて地域に根付いた事業となるのであれば、完成までの時間的要因、建築後のメンテナンスの柔軟性等のメリットがあることから、行政には家賃補助という形でしっかりと責任を持っていただき、学童を発展させていくこともひとつの方法ではないかと思えるようになりました。

さいたま市は二〇〇五年まで家賃補助が月額一八，〇〇〇円ほどでした。それより以前は一二，〇〇〇円／月の時期もあったそうです。その後保護者の運動により家賃補助は二〇〇六年から大幅に上がり、駅から一キロ圏内で上限一二〇五，〇〇〇円／月、駅から一キロを超える地域は上限一七五，〇〇〇円／月になりました。更に二〇一六年市内主要駅と指定されている駅から一キロ圏が上限一二五五，〇〇〇円／月に改定されました。家賃の高い地域ではまだまだ面積と家賃が見合わないこともありますが、今は熱心に施設探しをする学童保育を必要とする保護者の情熱と理解ある地域のみなさんに支えられ、さいたま市内に民間の学童保育所が広がっています。

2 自治体と連携した「放課後児童クラブ専用施設」設置の取り組み 沖縄の学童保育

伊波奈津美（特定非営利活動法人沖縄県学童・保育支援センター）

① 沖縄の学童保育のいま

沖縄県の放課後児童クラブは、九割以上が民立民営（民設民営）で実施されています。そのうち、六割以上は民家・アパート、民有地専用施設、空き店舗などの民間施設を活用しているため、トイレが一つしかない、キッチンの流し台と手洗い場が共用、園庭がない、出入り口のすぐ目の前が車道ということも少なくありません。また、公的施設を活用している場合でも、余裕教室などはいつでも返還できるように改築等がされてなかったり、倉庫のようなプレハブだけが設置されトイレやキッチンなどが整備されていないなど、放課後児童クラブとして子どもたちが安全で安心して生活するための設備や環境が整っていないことが多くあります（写真1）。

民間施設を活用することの課題は、設備や環境に関わることだけでなく保護者の利用料にも大きく影響します。例えば、家賃一〇万円の施設を活用している場合、利用児童数が四〇名であっても一人あたり二，五〇〇円を保護者が負担しなければいけません（沖縄県の場合、平成二七〈二〇一五〉

写真１　歩道も狭く、ガードレールの設備もない出入り口。

年度以前から民間施設を活用しているところがほとんどのため、国の「放課後児童クラブ運営支援事業」の対象にならない)。自治体によっては独自で家賃補助を行っているところもありますが、満額補助ではないため保護者負担になってきます。その他にも、施設の維持管理費や退去時の修繕費、学校から離れた場所にある場合は送迎費などが必要になるため、全国に比べ高額な利用料に設定しなければなりません。そのため、ひとり親世帯や低所得世帯の割合が高い沖縄県では、高額な利用料が要因となって利用を諦めている家庭も多くいると考えられます。

② 始まった独自事業「沖縄県放課後児童クラブ支援事業」

このような沖縄特有の課題を改善するため、沖縄県学童保育連絡協議会は長年にわたり沖縄県へ環境改善等に係る市町村支援の実施について要請を行ってきました。そして、第五次沖縄振興計画（二〇一二年四月〜二〇二二年三月）の実施計画において、市町村による放課後児童クラブの環境改善を支援し、クラブの質の向上や保護者の負担軽減等を図ることを目的に、沖縄県は「沖縄県放課後児童クラブ支援事業」を独自事業としてスタートしました。この事業は、市町村が施設を整備する際の施設整備費補助（上限額：単体三、〇〇〇万円、合築五、〇〇〇万円／補助率九／一〇）と、その施設が完成するまでの間の民間施設活用に係る家賃等補助（上限額：月額八〇、〇〇〇円、補助率四／五以内）を行う「公的施設移行等促進事業」、市町村の計画に基づき公的施設へ移行することが困難な児童クラブの老朽化に伴う改修や修繕に要する費用補助（児童数に応じた基準額）を行う「環境改善事業」の二本柱となっており、市町村と県が連携して一〇年計画で各年一〇か所以上、合計一〇〇か所の施設整備を目標に掲げています。

さらに、沖縄県では市町村が円滑に放課後児童クラブの計画策定および施設整備を進めていけるよう「沖縄県放課後児童クラブ公的施設活用促進等環境整備支援事業」も立ち上げ、以下の八つの業務を委託事業として実施しています。

1、放課後児童健全育成事業実施市町村への訪問・課題分析
2、県内の放課後児童クラブの公的施設活用を促進するための実態調査・内容分析
3、公的施設活用に向けた教育分野等との連携支援
4、市町村計画見直し支援

5、公的施設活用に係る放課後児童クラブ会計の調査・分析
6、県の施策説明
7、公的施設活用促進するためのコーディネート業務
8、その他、県内の放課後児童クラブの環境整備等に関して必要な支援事業の実施

二〇一二年度は、事業実施一年目ということもあり、主に放課後児童クラブの実施内容調査や各市町村の保育ニーズ量の分析を行いました。放課後児童クラブへの調査では、利用している児童数と受入れ小学校数、受け入れ定員数、家賃の有無と月額賃借料、送迎の有無と送迎にかかる経費、利用料金内訳や施設に備えられている設備等について各市町村のデータと沖縄県のデータを算出しました。民立民営の割合が高い沖縄県では、放課後児童クラブごとに実施状況が異なるため、職員の雇用条件や利用料に差があり、受入れ小学校も偏りがある状況でした。さらに、保育ニーズ量は保育所、預かり保育の利用割合と小学一年生の放課後児童クラブ利用割合等の比較データを作成し、市町村ごとに放課後児童クラブの必要量を算出することができました。沖縄県としては、民間施設を活用している放課後児童クラブを公的施設へ移行する方策を持っていましたが、調査を行うことで市町村によっては放課後児童クラブが不足している現状も見えてきました。

二年目以降は、調査結果を基に市町村訪問を実施しながら公的施設活用の必要性や県の施策説明等を行い、各市町村の実情を考慮した整備計画の提言、県内外の施設整備状況や放課後児童健全育

写真２　小学校内に整備された専用施設。園庭も広々。

成事業の役割や位置づけなどに関する学習会の実施、教育部局等との調整会議のコーディネート、既存の放課後児童クラブへの説明会の実施等を行い、市町村における施設整備計画及び放課後児童クラブの利用料低減計画の策定支援を行っています。また、県内外から講師を招いて講演会やシンポジウムを開催したり、県内の施設整備事例についてブログ等で紹介したりするなど、広報活動にも力を入れています。さらに、放課後児童健全育成事業を新規で実施する市町村の事業開始支援を実施し、市町村が主体となって放課後児童クラブに必要な施設環境や設備の整備を進めることができるようになりました。（写真２、３）

③　着実に前進をはじめた施設整備

市町村によって取り組み状況は異なりますが、県内南部に位置する南城市では、小学校内に一か所も

写真３　子どもの背丈に合わせた設備と彩光も配慮された室内。

放課後児童クラブの専用施設はありませんでしたが、沖縄県の事業を活用して本島にある全ての小学校内に専用施設の整備が推進されています。また、那覇市では小学校の増改築に合わせて専用室を整備することで、余裕教室を活用している放課後児童クラブも専用施設へ移行することができ、施設環境の改善につながっています。

自治体における施設整備の促進には財政や整備地の確保、関係部局等との調整等にまだまだ課題が多くあり、その整備件数は二〇一七年六月時点で六市一五箇所と目標値を大幅に下回っています。それでも、県内に少しずつ事例ができ、公的施設活用の必要性について周知され始めたことで、新たに整備計画を策定する市町村も増えてきました。専用施設を活用している放課後児童クラブを利用している保護者や子どもたちからは、「校内にあるので安心。指導員の負担も少ない」「お迎えがしやすくなった」

「利用料が安くなった」「遊び場が広くなった」「(車での移動時間が無くなるため)遊ぶ時間ができた」「部屋の中がうるさくない」「トイレが広くなった」などの環境や設備の充実に喜びの声も聞こえています。

第五次沖縄振興計画も今年で六年目となり、沖縄県の事業終了まで残りわずかとなっています。専用施設の整備には設計と工事で約二年近くの期間が必要になるため、市町村には早急な取り組みが求められています。それと同時に、一つでも多くの市町村で専用施設の整備ができるよう、私たちにも各市町村の実情を考慮した施策提言やそれを実現するための取り組みと支援の実施が求められています。

児童クラブが「誰のため、なんのための施設であるべきなのか」

私は、児童クラブを必要とする家庭が利用料や定員超過によって利用できない環境を改善することはもちろんですが、子ども一人ひとりが安心して安全に利用できるよう、個別の静養スペースや生活スペースの確保、男女別に複数の便器が備え付けられているお手洗いや衛生面を考慮した手洗い場・足洗い場の設置、非常用設備、彩光など異年齢の子どもたちが集団で生活するための設備環境が配慮された施設が整備される必要があると考えています。

沖縄の取り組みは左記のホームページでもご覧になれます。関心のある方は、合わせてご覧いただけると幸いです。

http://okigaku.ti-da.net/

おわりに

第一章を読んでいただいてお分かりの通り、私は本当にたまたま（そして否応なく）、子ども子育て支援新制度の施行に前後する形で、自分の子が通う学童保育の分割と名古屋市では初となる「支援の単位複数設置を伴う移転」に、担当役員として深く関わることになりました。

その経験を日本弁護士連合会貧困問題対策本部女性と子どもの貧困部会〈以下〈女性と子どもの貧困部会〉と言います〉委員である、先輩弁護士の篠田奈保子先生に買っていただき、二〇一六年五月一三日に、女性と子どもの貧困部会にて「新制度施行後の学童保育の状況と問題点」と題した勉強会の講師を務めることになりました。そして、そのまま、女性と子どもの貧困部会委員にスカウトされ、同部会の学童保育問題担当（？）として、日弁連初の学童保育シンポジウム（平成三〇〈二〇一八〉年一月一三日）の責任者になるなど、名古屋市の学童保育の保護者としての立場だけではなく、日弁連の委員としての立場で、学童保育全体の問題に関わることになりました。

「新制度施行後の学童保育の状況と問題点」の講師を務めるために、他地域の運営形態の異なる学童保育について調査したことで、学童保育の様々な問題に関心が広がり、二〇一六年六月に愛知県美浜市の日本福祉大学で開催された第七回日本学童保育学会にも参加しました。日本学童保育学会への参加をきっかけに、この本や、この本のシリーズ前作である『学童保育に作業療法士がやって来た』の著者の一人で学童保育界の大先輩、岡山県学童保育連絡協議会会長の糸山智栄さんと知り合います。不思議なご縁で、私も『学童保育に作業療法士がやって来た』に学童保育の制度解説の章を書かせていただくことになりました。

糸山さんと知り合った時期は、ちょうど、谷田先生と、いのう学童・庄内学童・高見学童の三学童についての「学童保育の育て方」プロジェクトの経緯・研究成果は形にしたいとミーティングは行っていたものの、どの層向けの本にするか、出版社は見つかるかといった点がなかなか具体化しないまま、止まってしまっていた頃でした。

ご自身も共著の学童保育本の出版経験があり（石橋裕子・糸山智栄・中山芳一著『しあわせな放課後の時間　デンマークとフィンランドの学童保育に学ぶ』高文研）、学童保育の施設問題（プレハブの学童保育施設の木造化）にも取り組まれていた糸山さんとの出会いで、学童保育施設の本の企画はどんどん具体化します。名古屋の「学童保育の育て方」プロジェクトの他、岡山県、埼玉県、沖縄県の多様な取組みを紹介しながら、学童保育施設に子どもの視点を取り入れることの重要性、学童保育施設で長時間遊び、生活する「子どもに優しい学童保育施設」を作ることの意義を訴える本にしよう、その内容であれば、出版社にも企画が通る。

そんな風に、出会いが出会いを産んで、あれよあれよと話が進んでいった結果が、この本、『子どもにやさしい学童保育』の誕生秘話です。

第一章にも書いた通り、私の学童保育との出会いの原点は、学童保育の施設が「狭いプレハブ」

であったことにショックを覚えたことです。そして、底知れぬパワーとアクティブさと人を巻き込む魅力に満ちた糸山さんが、ご長男の育児で唯一、「子どもが不憫だと思った」のは、とても貧弱だった当時の学童保育施設にご長男が行くのを嫌がったこと、それでも学童に行かせるほかなかったこと、だったそうです。

保育園の問題だけでなく、学童保育の問題についても、新聞やテレビで報道されることが増えてきました。しかし、その報道には、「女性の活躍」に絡めた待機児童問題等、いわば「大人の都合」目線のものも多いのではないでしょうか。

もちろん、保護者の就労支援は学童保育の重要な役割の一つです。

しかし、保護者の就労支援が学童保育の役割であることは、学童保育を「とにかくたくさん作ればそれで良い」ことにはつながりません。学童保育が真に就労支援の場であるためにも、子どもが自分の意思で通い、のびのびと成長発達できる環境が確保されていること。「保護者が就労と子どもの育ちを天秤にかけることなく」、安心して子どもを通わせる学童保育であることが必要ではないでしょうか。

学童保育施設は、一度作られれば、長期間に渡って、地域の子どもたちの遊びと生活の場となります。待機児童問題の解消は重要な課題ですが、ともすれば「大人の都合」で、「子どもの遊びと生活の場として相応しい環境か」という視点を欠いた施設作りが推進されかねない危険性も孕んでいます。

学童保育の待機児童問題解消、受け皿の確保が叫ばれる今だからこそ、学童保育の運営形態を問わず、学童保育施設作りに「学童保育施設で長時間、遊び・生活する、学童保育の主役」である子どもの視点、子どもの権利の視点（特に、子どもの権利条約三一条の「休息・余暇遊び・レクリエーション、文化的生活・芸術への参加の権利」の視点）が取り入れられることを願ってやみません。

最後になりましたが、編集者としての立場だけではなく、学童保育の保護者の先輩の観点からも「学童保育の施設作り」というニッチなテーマの本の出版を決断して下さった高文研の飯塚 直さん、シリーズ前作『学童保育に作業療法士がやって来た』に引き続き、学童保育の雰囲気を伝える暖かい装丁で本書を飾って下さった妹尾浩也さんに、心より感謝を申し上げます。

本書が全国で、「子どもにやさしい学童保育」作りを推進するために用いて頂けることを祈って。

日本弁護士連合会貧困問題対策本部　女性と子どもの貧困部会委員　鈴木愛子

【執筆者一覧】（執筆順）

糸山智栄	岡山県学童保育連絡協議会会長
鈴木愛子	日本弁護士連合会貧困問題対策本部　女性と子どもの貧困部会委員弁護士
谷田　真	名城大学理工学部建築学科准教授
齋藤武次郎	倉敷市二福のびのびクラブ運営委員長、倉敷市議会議員
駒木根敦子	特定非営利活動法人　さいたま市学童保育の会
伊波奈津美	特定非営利活動法人　沖縄県学童・保育支援センター

糸山智栄（いとやまちえ）
1964年、岡山県赤磐市（当時赤磐郡）に生まれる。岡山大学教育学部卒業後、岡山県子ども劇場協議会専従事務局員として働く。退職後、ヘルパー資格を取得し登録ヘルパーとして働き、'04年、女性支援のNPO法人を設立し、'05年、えくぼヘルパーステーションを開設。'11年株式会社えくぼを設立し、'12年に移行。代表取締役。仕事、退職、転職、起業とともに2人の子育てをし、保護者として学童保育に関わる。岡山県学童保育連絡協議会事務局長を9年間務め、'14年から会長。特定非営利活動法人オレンジハート、特定非営利活動法人フードバンク岡山の理事長。岡山県中小企業家同友会理事、女性部長。市民活動と企業活動を結び付けながら、幸せに暮らすことを模索中。共著書に『しあわせな放課後の時間―デンマークとフィンランドの学童保育に学ぶ』『学童保育に作業療法士がやって来た』『未来にツケを残さない』（共に高文研）、『学童期の作業療法入門』（クリエイツかもがわ）。

鈴木愛子（すずきあいこ）
1976年、岐阜県各務原市に生まれる。'98年早稲田大学法学部卒業、'02年司法試験合格、'04年愛知県弁護士会（当時は名古屋弁護士会）にて弁護士登録（57期）。'06年に長男、'08年に次男を出産。'07年より夫の鈴木文敏弁護士（55期）と鈴木法律事務所を設立。元名古屋家庭裁判所家事調停官（'13年10月～'17年9月）。子ども・子育て支援新制度施行の前後に、保護者として学童保育の分割・移転に関わったことをきっかけに、日本弁護士連合会貧困問題対策本部女性と子どもの貧困部会の委員としても学童保育に関わるようになる。破産法と学童保育についてのブログ、「弁護士 aikoの法律自習室」も運営。共著書に『学童保育に作業療法士がやって来た』（高文研）

子どもにやさしい学童保育
――学童保育の施設を考える

●2018年1月13日――――――第1刷発行

編著者／糸山 智栄・鈴木 愛子
発行所／株式会社 高 文 研
東京都千代田区猿楽町2－1－8　〒101-0064
TEL 03-3295-3415　振替 00160-6-18956
http://www.koubunken.co.jp
印刷・製本／モリモト印刷株式会社
★乱丁・落丁本は送料当社負担でお取り替えします。

ISBN978-4-87498-643-1　C0037

そこが知りたい学童保育ブックレットシリーズ1

学童保育に作業療法士がやって来た

【編著者】

糸山 智栄（岡山県学童保育連絡協議会会長）

小林 隆司（首都大学東京大学院人間健康科学研究科作業療法科学域教授）

本体価格 1,200円　A5判 94頁

子どもの困った行動には理由がある。作業療法士ならではの“視点”で、普段は見えなかった子どもたちの悩みや見せない側面などが見えて子どもたちが変わる、親も教師も変わる！ 教育界がいま注目する作業療法士と学童保育の現場を実践報告。

◎表示価格は税抜価格です。別途消費税が掛かります。